U0148382

YAOYUAN
DE
DIXU

遥远的帝婿

李凤 记述
陈锐 整理

团结出版社
UNITY PRESS

图书在版编目（ＣＩＰ）数据

遥远的帝婿 / 李凤记述；陈锐整理口述. -- 北京：
团结出版社，2022.3
ISBN 978-7-5126-9130-8

Ⅰ．①遥… Ⅱ．①李… ②陈… Ⅲ．①李玉琴（
1928-2001）—传记 Ⅳ．①K828.5

中国版本图书馆 CIP 数据核字(2021)第 180379 号

出　版：团结出版社
　　　　（北京市东城区东皇城根南街 84 号　邮编：100006）
电　话：(010) 65228880　65244790 （出版社）
　　　　（010) 65238766　85113874　65133603 （发行部）
　　　　（010) 65133603 （邮购）
网　址：http://www.tjpress.com
E-mail：zb65244790@vip.163.com
　　　　tjcbsfxb@163.com（发行部邮购）
经　销：全国新华书店
印　装：天津盛辉印刷有限公司

开　本：170mm×240mm　　16 开
印　张：13.5
字　数：189 千字
版　次：2022 年 3 月　第 1 版
印　次：2022 年 3 月　第 1 次印刷

书　号：978-7-5126-9130-8
定　价：39.80 元

目录

卷首语

沉积多年的往事，本不想让它泛起，过去的悲欢离合，不堪回首，让人心酸痛苦。

然而因为接受"长春围城"采访而结识致力于口述历史研究的年轻作家陈锐女士，更加觉得，有必要在2013年省政协文史委内部出版物的基础上，为世人留下一段相对完整的历史记忆，同时也是对我们家族后人的交代，因为家族曾出现过一位"末代皇妃"，即我的胞妹李玉琴。

一直以来，时常有人问及当年事，手头没有什么可以参考的资料，因此很难一一答复。所以，在这里将我所知道的事实，整理成文，以免模糊讹传，也给我们的这段历史画上一个句号。

由于李玉琴进宫"侍主"，外界的人就给了我一个所谓"国舅"的称谓。其实我乃是一介草民。所谓"国舅"带来的不是荣华富贵，而是家族的苦难，兄妹间离恨别愁，这无尽烦恼，真是一言难尽。李玉琴生前，曾先后出版《坎坷三十年》和《中国最后一个皇妃》，在此我只能补充一点亲身经历与所见所闻，奉送知交近友，以进一步增加对玉琴妹妹和老夫的了解。

此书一并告慰，哈尔滨市及长春市几位德高望重的老友，他们也曾督促我留下历史的记忆，但我年事已高，唯恐糊涂偏颇，或回忆不准，所以迟迟未予动笔。

兜兜转转，挥之不去。人生已至迟暮，分秒之间如稍一懈怠，我的这些经历就会随着时间推移而湮灭，遗憾终生。历十年之久，今终成此卷，奉献诸公，文中不妥之处，敬请谅解。

李　凤

2016 年 12 月

上部

一、关东家事

我家祖籍山东省莱州府，即墨县李家庄。父亲在世时曾经说过，在很久很久以前，由于老家连年发生灾荒，民不聊生，村民们多数被饿得走投无路，为了活命，只好背井离乡闯关东。

我们的祖辈们，也是为了全家的生存，和许多逃难乡亲一样，勇敢地挑起担子，带领全家老小离开故土，长途跋涉，风餐露宿去逃难，奔往关东，一路上乞讨为生。经过千辛万苦，最后来到当年宽城子城东边，也就是后来的长春郊区，搭起了窝棚，算是安家落户。

当时，宽城子四周人烟稀少，大荒甸子多，土地肥沃，听闻当时东北人口不足 2000 万，很多荒片儿无人开垦。后来有强者跑马占荒，这些被圈起来的土地，以后都被闯关东的穷苦人租用了，这样东北的人口便逐年增加起来。

[编者注] 走西口、闯关东

走西口，是"中国近代史上最著名的五次人口迁徙"事件之一，从明朝中期至民国初年四百余年的历史长河中，无数山西人、陕西人、河北人背井离乡，打通了中原腹地与蒙古草原的经济和文化通道。

闯关东，亦是"中国近代史上最著名的五次人口迁徙"事件之一，从明清到民国期间，以山东、直隶为主的关内人开始兴起了闯关东。19世纪，中国黄河下游连年遭灾，黄河下游的中原百姓，闯入东北，数量规模达历史最高。山海关城东门，数百年间界定着关外和关内中原大地。

祖辈们与大多数闯关东的穷苦人一样，年年月月面朝黑土地背朝天，栉风沐雨，披星戴月，吃苦耐劳，尽心耕种，期盼粮熟庆丰收。就这样，一代一代，在这块黑土地上延续地生存下来，生根发芽，开花结果。

从我记事时起，我家住在长吉铁路现在的龙泉站南侧约半里，今长春东十里堡韩家沟子屯内，当时村子里仅有 30 多户人家。

我在 1923 年十月初十（农历）出生，妹妹李玉琴于 1928 年五月二十八日（农历）出生。我的爸爸、他的三个姐姐和弟弟、叔伯大哥二哥、两个叔伯姐，

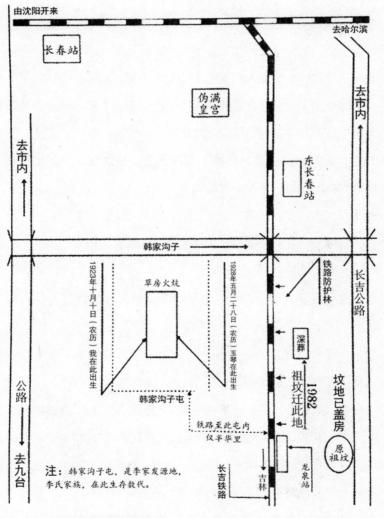

李氏家族长春发源地示意图

也出生在此地，李氏家族几代都是庄稼人。

[编者注] 1928 年，李玉琴出生。此时的溥仪已被赶出紫禁城，身在天津。这一年，孙殿英盗清皇陵，张作霖命丧皇姑屯，东北军易帜入关在即。

长春的冬天特别寒冷，滴水成冰。庄稼人头戴狗皮帽子，脚穿牛皮乌拉，里面絮满乌拉草。冬天主食是高粱米饭或苞米面大饼子，一开锅，在外面挺远就能闻到香味，真的比如今大米饭有香味儿。菜呢，就是土豆、白菜、酸菜、小豆腐、干辣椒、黄豆芽，自家做的黄豆大酱。有钱人家一到年根儿杀肥猪，贫困人家也就是买几斤猪肉，埋在雪堆里冻上，等过年再吃。

春节前，妈妈起早贪黑给我做上新棉鞋穿，又拿剃头刀子给我剃头，小孩儿们的头剃得光光的，也都非常高兴。

在那个年代，过年要供奉祖先堂，摆上香案、供果，供上灶王爷、门神爷、天地牌儿、财神爷、九佛、张仙。神牌前还要烧檀香点蜡烛。传说张仙打狗，可以免除子女们灾难。

此外，屋内贴上年画、对联、春条，都是些吉祥如意之类的吉祥话儿，这就年味十足了。

春节除夕之夜，家家户户欢聚一堂，嗑瓜子，包饺子，小孩儿们手提着小灯笼，欢欢喜喜各处去玩乐。

除夕午夜，家家户户的大人手提着灯笼去到指定方向，迎接财神、喜神、贵神，然后烧香叩头。当大人们接财神回到院内时，还要高声大喊"财神进门，骡马成群，财神到家，越过越发"等吉利话儿。然后燃放鞭炮，以求在新的一年中，全家一切都顺顺利利，生活美好，平平安安。

除夕夜接完神，小孩给长辈磕头，长辈给孩子压岁钱。然后欢欢乐乐全家人一块儿吃饺子，热闹非凡。

当时，家中有父母、三个姐姐、弟弟、玉琴，再加上孀居的大娘和两个叔伯哥哥李金、李玉，两个叔伯姐姐，加我在内共 13 口人，家境可想而知。

爸爸从小就给地主放猪扛大活。虽然天天起早贪黑、辛辛苦苦地拼命干，可是全家仍然过着穷苦日子，达不到温饱。因为家境贫困，就求亲托友把我爸爸送到市内西二道街的"三顺园"去当学徒跑堂的，就是现在的服务员。

为了爸爸在饭馆上下工方便，我们家就搬到市内东三道街许家胡同东侧居住。此院的邻居多数是从山东来的穷苦人，日子都挺难过。

爸爸跑堂虽然劳金低，可是总比给地主扛大活强，全家人也能勉强吃上饭，不久，爸爸把叔伯大哥李金也介绍进了"三顺园"去跑堂，以解决他们一家人的困境。

我爸爸为人老实、厚道、仁慈，又是个热心肠，人称"李老好"。

二、旧城风貌

长春市的前身，老名字叫宽城子。1800 年前，清政府在新立城设立长春厅。1825 年，长春厅由新立城迁到宽城子。1889 年，宽城子修建了简易小古城。

当时的宽城子有六座老城门：一是全安门，南门，位于今大马路最南端；二是乾佑门，西北门，位于长春大桥西，1930 年拆除；三是永兴门，北门，位于今大马路与长春大街交叉口，1952 年拆除；四是崇德门，东门，亦称大东门，位于今东门路三号门前，1952 年拆除；五是聚宝门，西门，位于今西三道街双桥子北侧；六是永安门，西南门，位于今大经路与全安广场交汇处，永安桥西北，1926 年拆除。

旧城东西长 2.3 公里，南北长 1.5 公里。1825 年，长春厅衙署迁到宽城子，即今大经路小学校址。

民间有这样一段"狐仙显灵"的传说。当年，马傻子一群土匪攻打东城门，打到最激烈时，狐仙显灵，突然间在城门墙上出现了一支威风凛凛、杀气腾腾的队伍，犹如天兵天将下凡，他们手持大刀长矛，眼睛发光，呐喊不止，把这群土匪吓得魂不附体，一下子跑得无影无踪。当然，这只是传说。在旧中国，供奉狐仙的人很多，大商店也供奉狐仙，把祈福平安都寄托在狐仙的保佑上。

古城的东门（下页图），在今天的东门路大东头。长春解放后，东城门尚存小段城墙，在城门上面有个狐仙堂，外挂"保民楼"的匾。

当时，宽城子谈不上经济繁荣，工业更不发达。记得我 7 岁时，妈妈带我上街买几尺布，走到大马路上时看见许多俄国工人，当时叫他们大鼻子，正在修建一条二马路至南关的柏油马路，许多中国人在围观。当时中国落后，宽城子街上连骑自行车的人都很少，还没有汽车，有钱的人出门办事是坐马车或人力车，全市没有公共汽车，交通不发达，绝大多数人都是以步代车。

在工业方面，只听说在大经路有个人力包装火柴厂，另有木匠铺、小铁工厂、铁匠炉、大车铺、人力染坊。当时，大多数是手工生产，人力加工豆油、人力磨制面粉、人力酿造烧酒。小作坊有人力弹棉花铺、人力皮革铺、小织布机坊、棺材铺、铁丝编织铺、人力磨米场，总之工业落后。

20世纪30年代的长春下雨一街泥，晴天满街灰土，少数人家有电灯，我家是点小油灯，没有见过什么留声机、收音机之类。

但是30年代的长春商品已很丰富，物美价廉，供过于求，从没听说有伪劣商品，各商店或饭馆一见来了顾客，好似迎接财神一样，点头施礼，十分客气，以好言好语接待顾客，千方百计做成生意。有一次，妈妈带我到南大街玉茗魁布匹商店，虽然仅买了几尺布，但店员又是给老太太点烟倒茶水，又是给小孩拿水果糖吃。如此礼貌热情的服务，顾客高兴，无论如何也得买点东西，否则太不好意思。

30年代，生活中充满了一个个"洋"字。

枪支叫洋枪，花布叫花洋布，肥皂叫洋胰子，火柴叫洋火，元钉叫洋钉，针织袜子叫洋袜子，香烟叫洋烟，人力车叫洋车，白面叫洋白面，煤油灯叫洋油灯，老外叫洋人，人力压水井叫洋井，蜡烛叫洋蜡，公元日历叫洋历，留声机叫洋戏匣子。

西四道街财神庙附近有家隆春大戏院，四马路有新民戏院，这是长春有名的文化娱乐场所。新民胡同内有许多饭馆，回宝珍饺子馆、包子馆、馄饨馆等，应有尽有。每当夜幕降临，这个胡同灯火通明，人来人往，热闹非凡。有钱人下饭馆吃饭再看戏，没钱人只是看看热闹，总之，新民胡同非常有名。

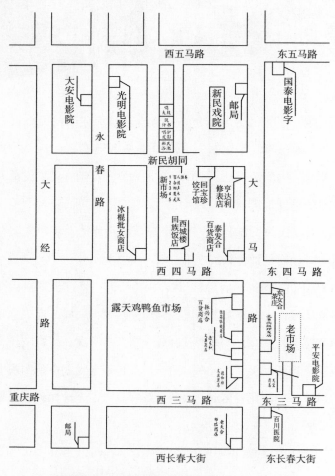

伪满时期长春老城繁华地段平面示意图

　　戏院内经常公演"孙悟空大闹天宫""火焰山大战牛魔王""萧何月下追韩信""唐明皇游月宫""四郎探母""全部玉堂春""刘秀走国""薛礼征东""空城计""借东风""十八罗汉斗悟空"等剧目，显现出传统的中国文化。

　　此外，在永春路有光明电影院、大安电影院，东三马路有平安电影院，东二马路有国都电影院，五马路口东侧有国泰电影院，胜利大街最南头东侧有新京电影院，现在的儿童影院在伪满时期是日本电影院。

　　当时电影票价很低，我看了许多部电影。

　　由胡蝶、郑小秋、王献斋主演，长达17集的无声电影《火烧红莲寺》；由高占非、陈云裳、王引主演的《万世流芳》《鸦片战争》；由陈燕燕、王引、梅熹主演的《雷雨》；由周璇、吕玉堃主演的《夜深沉》；由李丽华、吕玉堃主演的《秋海棠》；由周璇主演的《马路天使》；由周璇、顾也鲁主演的《渔家女》；由顾兰君、顾梅君主演的《生龙活虎》；由欧阳沙菲、贺宾主演的《天字第一号》；由韩兰根、王次龙主演的《王老五》；由胡蝶、梅熹主演的《母亲》；由李丽华、白云主演的《唐伯虎点秋香》；由

袁美云、王引主演的《化身姑娘》；由白杨、赵丹主演的《十字街头》；由陈燕燕主演的《芳华虚度》；由龚秋霞主演的《恐怖之夜》；由龚秋霞、胡熔熔主演的《歌儿救母记》。我从这些影片中学会了许多插曲，有时拉起手风琴唱唱，增添了许多乐趣。

在新民戏院西侧有一条曲艺馆小街，其中有唱大鼓书的、唱驴皮影的、说相声的、唱东北二人转的、说评词的，天天满座。

这些曲艺馆内数说评词的最为吸引人，天天高朋满座，顾客们边听边喝茶嗑瓜子儿，听一段两角钱。

评词内有三侠剑、雍正侠剑图、济公全传、穆桂英大破天门阵、薛刚反唐、三国演义，等等。

在曲艺馆小街南侧有个露天大市场，其中表演的有武术、相声、京剧、评剧、变戏法。可见长春当时的社会文化概貌。

最引人入胜者是盲人用"雷琴"独奏，"雷琴"能"唱"京剧片段，青衣、老旦、老生等。此外，还会学鸟鸣、狗叫、鸡叫、驴叫和学人说话。

这位盲人拉的"雷琴"已达到了炉火纯青的程度，真令人赞不绝口。我的乐友李树森曾在吉林省歌舞剧团拉"雷琴"，只可惜在 20 世纪 90 年代他已经离世了。

30 年代在珠江路有一等妓院，如大观楼、莲香班、艳春院等，家家妓院都是大官吏和资本家寻欢作乐之处。

30 年代的长春市面流通纸币，是吉林永衡官贴厂印刷发行的，面额最大是 100 吊钱，等于 100 元钱，市面也流通银圆，还有铜制的硬币。

30 年代的计量单位有：尺，1 市尺为 16 寸；斤，1 市斤为 16 两；升，1 升为 5 市斤；斗，1 斗为 10 升；石，1 石为 10 斗。升与斗是木制用具。

30 年代，长春有许多庙宇。孔子庙位于东天街，建于清同治十一年。此外西二道街有城隍庙、九圣祠庙，西四道街有财神庙，小南岭有农神庙，西七马路有沙大爷庙。

老百姓传说沙大爷庙有这样一段故事。日本人在长春建长春火车站后，在胜利大街（1949年后民族饭店前边的大街上）一条臭水沟上，修建了一座长约20米、宽约5米的石桥，又在桥头南用石头雕刻了一只约1.5米高的大雕，面向中国人居住区。中国人在七马路西侧修建了沙大爷庙（老百姓叫傻大爷庙），日夜看守那只"雕"，不允许这只"雕"兴风作浪，为非作歹，残害中国人。

[编者注] 这是关于沙大爷庙的一个新传说。多年来我一直记录的关于"傻大爷庙"的传说，都是讲一个青年与一个青楼女子的故事，青年便是后来的"傻大爷"，和照片中的老树一起，守着"精明胡同11号"这个院子。如今，旧址已荒废多年，待拆中，院落格局和屋舍都是后建的。

而最为壮观的是南关的关帝庙，百姓称"老爷庙"，在现在的亚泰大街路东。2004年在原关帝庙后面，又重新塑了关羽大帝大金身像。原关帝庙内除供奉各尊佛像外，还供奉眼光娘娘、送子娘娘、十不全神，等等。

每年农历四月初八、十八、二十八，善男信女，人山人海，都争先恐后去逛庙会，朝拜各尊神佛。这个传统大庙会热闹非凡，不去逛庙会，真是太不甘心。

　　我在童年时曾亲眼看见，有一个约 30 岁的男人，他从自家门口到关帝庙的行程中，每走一步磕一个头，以表示诚心诚意，恳求神佛保佑他疾病早日康复。

　　有人因病情复杂，病多难治，就在"十不全"神位前面烧香上供磕头，恳求神仙大发慈悲，救苦救难，保佑他祛掉全身疾病。也有人在送子娘娘神位前烧香磕头，然后在送子娘娘神位旁取走一个泥娃娃，以求给她带来儿孙满堂。此举称为"拴娃娃"。患有眼病的人，就给眼光娘娘烧香上供磕头，求神保佑早日见光明。

　　总之，逛庙会的人们目的各异，但绝大多数人是看热闹，体会大庙会的风情和乐趣。

　　关帝庙会最热闹的是农历四月十八。拂晓，各路的游商小贩便从四面八方蜂拥而至。神祇替身、香头纸马，泥娃娃、布老虎，木刀、木枪，传统风味小吃，如油炸糕、锅烙、坛肉、烧鸡、火腿、凉粉、凉糕、粽子、抻面、油饼、蒸饺、麻花、酱肉……应有尽有。唱大鼓书、说评词，表演相声、山东快书、河南坠子、小魔术，还有马戏团，这些都引人入胜。另外，算命先生看手相、看面相、抽灵帖、算灵卦，这些江湖先生全凭三寸不烂之舌挣钱儿，吹嘘说他有呼风唤雨的能力，能前知 300 年、后知 500 年，旁观者暗笑。这些热闹儿摆布在庙门外，密密层层，夹道中更是人头攒动，人山人海，摩肩接踵，到佛前则是争先恐后地朝拜。诵经声飘出庙外，与叫卖声混成一片，一派祥和喧闹的市井景象。

　　在旧中国，关帝庙每年旧历四月逢"八"已成为传统大庙会，别有趣味。现在的长春般若寺、北普陀寺、百国兴隆寺，每年四月三个"八"朝拜者甚多，都恳求佛祖保佑一生吉祥。但信佛者，一不杀生，二不偷盗，三不奸淫，四不妄语，五不喝酒。如果这样为人，则能好人一生平安。这样做，劝诫人们奉公守法，多干善事，不干恶事，也应该善始善终。

[**编者注**] 老长春的关帝庙，始建于清嘉庆四年（1799 年），即长春设治前一年，名为朝阳寺，俗称关帝庙（下图）。毁于"文革"期间，改革开放后，被毁坏的庙宇遗址一直荒废，在最近 20 年的地产开发建设中，该处作为风水宝地被开发，修建起了高层楼房。后听说此地屡生事端，是因破了风水，开发单位和商家决定重塑关帝像。起初关帝像是紫铜色，后又加了一层金身。

20 世纪 30 年代的长春，中国驻军数量、布防情况我作为一个老百姓不太了解，只听说在大南岭有个中国兵营，老百姓叫"南大营"。我还看见在全安街一个大院内，有个中国兵营是"三炮连"，现原位置已开发为亚泰大街。

每当春节及元宵节时，三炮连的士兵们上大街去扭大秧歌，扮成"青蛇"及"白蛇"，或猪八戒背媳妇，与民同乐。他们秋毫无犯，深受老百姓的

1929 年时的长春关帝庙

欢迎。

我曾亲眼看见过，中国骑兵四五百人操练，雄赳赳，气昂昂，由南岭方向跑来。这真叫百姓高兴，显示我们的军队在当时已经有相当强的战斗力。

三、长春事变

1931 年 9 月 18 日，日本发动了震惊中外的九一八事变，长春的老百姓一无所知，仍在梦中。

在事变的次日早晨，我一个人到大马路三道街口玩耍，当时在马路上看不见有行人和马车来往。但是，突然间大马路两侧各个商店都极度紧张地关上门窗闸板，因为门窗闸板是木制的，再加上动作快，带来的音响，如同春节、除夕人们燃放爆竹一样响亮。我仍然不明白这是为什么。

隔了一小会儿，看见由南关方向有几匹高大的马，像脱缰似的在大马路上奔跑而来，后来听说是南大营的战马。当时我傻想，这是哪儿的马群不注意看管，如果跑丢了可怎么往回找啊！

相继由大马路北大街向南跑来几辆马车，车上坐的是日本妇女，她们身穿和服，花枝招展，有说有笑，看样子都很高兴。后来听说是妓女，去南大营慰问日军。

又隔一小会儿，由北大街驶来两辆载重汽车，坐满了手持大枪的日本兵，一个个面目狰狞。

当时我年仅 8 岁，看见这种情形害怕了，立即飞一样跑回家中。我妈妈正在大门口东张西望地找我，我一五一十地把所见的情形告诉了妈妈，妈妈说："同院的邻居们在院内议论，日军正在攻打南大营，千万不可出门，有危险。"

当天晚上爸爸下工回到家中，悲愤地说："南大营被日军占了，老百姓的日子不好过了。"

长春事变的真相，听说是日军与南大营内的汉奸走狗暗中相勾结。日军在凌晨时偷袭，南大营内的官兵们睡意正酣，忽然被枪炮声惊醒，官兵们立即跑到武器库取武器反击。哪料到武器库大门早已紧锁，当场有一个卖国求荣的

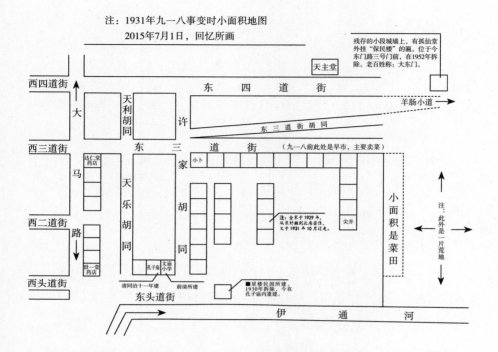

参谋长竟下令不准开武器库大门。这个参谋长手持一面旗大喊大叫："别打，别打！"军人必须服从命令，营内官兵们手无寸铁，无法回击，造成大部分官兵阵亡，只有少数官兵逃了出来。就这样，南大营被日军轻而易举地占领了，这件事是老百姓们后来才知道的。二道沟的北大营，也是汉奸和日军暗中勾结，被日军击破而占领的。

[编者注] 张学良口述历史：1931年九一八事变

"我这么想，假如他（日本人）要这么做，不但是对我中国不利，对日本（也是）不利的。假如说我要是日本人，我绝不这么做，如果这么做，后果一定是对日本很不好的，所以我想，日本不会这样做。我觉得九一八事变，我判断错误了。假如我真知道日本要这么办，我当时可能，要跟日本拼的。"

　　图为张学良分别在1931年、1991年的影像。

　　1931年，走投无路的溥仪被日本人偷运到长春，"满洲国"即将出现在历史舞台上。

　　九一八事变时，我们家搬到朱家大屯居住，位于今平泉路南侧。但爹妈发现此处没有学校，影响子女按时上学，为此次年初春又搬到小南岭居住，恰巧"五区三校"招生，校址位于今八中附近，我的慈母赶紧给我和三姐报上名。

　　[记述者注] 五区三校：伪满初期学校地点是五区，学校是第三小学。

　　毕竟还只是个孩子，我开始上学时心里特别高兴，男生校服是深蓝色立领制服，女生是蓝色裙子，学校四个班级，一百多名学生，上下课时用手摇铜铃。

　　在春光明媚的季节，校长吴忠周和另外两位老师，还带领全校学生到有名的杏花村去"旅行"，位于今地质宫附近。

　　至今还记得那时杏花村的景象，花的海洋，群芳灿烂，千娇百媚，争芳吐艳，芳香扑鼻，蝶飞燕舞。同学们又唱又跳，又跑又追，流连忘返，真是令人难忘。

　　次年，我和三姐转学到东岭十八校念书，距伊通河约两百米，此校也是三个年级，学生约一百五十名，教学质量也好。

[记述者注] *东岭十八校：河的水平面比学校高约50米。*

我在上下学时，看见许多工人，在我家前方大地上，自西向东，挖深约3.5米、宽约5米的大沟，然后铺上轻轨，又在伊通河上架起小火车专用铁桥。不久，只见小火车满载大大小小的石头，自东向西驶去。

不久真相大白，日本人在市内各处搞大开发，急需大量石头建楼房、马路，否则难以成功。以后这条轻轨，完成使命，销声匿迹。自我家搬到小南岭居住时，我的叔伯大哥李金、二哥李玉，叔伯大姐夫妻，先后都搬来此地居住，为了互相间都有照应。

我们在此处仅住了约三年时，日本当局强行动迁，"必须到二道河子居住"。老百姓们敢怒不敢言，都服从了。

在"不抵抗"命令下，守军撤出，大批武器装备成为日军的"战利品"

[编者注] 1931年"长春事变"历史照片·南大营

　　载入历史教科书的1931年长春南大营，旧址上的痕迹，在几十年间一点点消失，最后在城市的一角，为其修建了一座崭新的旧址陈列馆。

陈锐摄影

四、"满洲国民"

日本侵略军占领东三省后，1932 年 3 月 8 日，由关东军插手并指挥，在道台府的大厅内，扶持年仅 26 岁的清朝末代皇帝爱新觉罗·溥仪当元首，当场宣布溥仪为大"满洲国"的"执政"。长春改为"新京特别市"，年号"大同"，当年为"大同元年"。参加仪式的人有关东军高级将官及几个大汉奸。从此，溥仪当上了傀儡"皇帝"，造成他后半生追悔莫及的耻辱，以及和我们家阴差阳错、说也说不清的连带罪名。

[编者注] 爱新觉罗·溥仪，清朝末代皇帝，一生中三次"登基"，又三次退位……每个人都是一个时代，这个男人差点让长春变成了永远的殖民地，但他的身上有着纯正的清室血统。

溥仪在道台府内临时小宫殿内仅"住"了 27 天，关东军又令溥仪匆匆忙

忙迁到伪满皇宫了。

伪满皇宫是在原吉黑榷运局和盐库的旧址上稍加改建而成的。勤民楼是溥仪日常办公或接见外宾之处，缉熙楼是溥仪和皇后婉容的寝宫，同德殿是皇妃"福贵人"李玉琴的寝宫，嘉乐殿是溥仪赐宴之处。东西御花园内，设有假山、防空洞，植有多样花草树木。溥仪日常活动仅限于内廷和御花园内。

吉冈安直是关东军司令部的中将参谋，兼任"帝室御用挂"。他是溥仪的监控人，也是关东军司令部的传话筒。吉冈在伪满皇宫内是个举足轻重的人物，宫中什么事他都有权过问、有权决定，凌驾于溥仪之上。无论在白天或黑夜，他总是任意到宫中找溥仪对话，溥仪总是笑脸迎送，对吉冈又怕又恨但又不敢怠慢，更不敢招惹。

伪满皇宫内设有日本宪兵队，时刻监视宫内中国人的言行举止。如果发现有异常情况，立即用直通电话向日本宪兵司令部报告。

1934 年，关东军再次扶持溥仪"登基"坐殿，登上"皇帝"宝座，大同三年改为大"满洲帝国"康德元年，定都新京特别市（长春）。

但是，这位"皇帝"什么权力也没有。行政权、军权、外交权、人事权、财权、经济权、国防权、民生权，都是日本关东军司令部说了算，他们有权决定一切。如果没有关东军司令部的命令，绝不许溥仪走出伪皇宫大门一步，关东军司令部的任何决定溥仪都必须绝对服从，他成了名副其实的傀儡皇帝。这个伪满皇宫俨然成为溥仪的大型高级监狱。

[编者注] 伪满机构

伪满国务院是伪满中央机构，有最高行政权。第一任伪总理大臣郑孝胥，第二任伪总理大臣张景惠。

伪国务院内设总务厅，其长官是日本人，主管全面行政事务，掌握实权，凌驾于"国务院总理大臣"之上，是实际的"国务院总理大臣"。

日本关东军司令部司令长官，通过"总务厅长官"指导政务。

伪国务院下设：治安部、司法部、外交部、经济部、交通部、文教部、兴农部、民生部等。这些伪部内中国人是大臣，日本人是次长，由次长掌握实权。

伪满洲国成立之后，在中央通（今人民大街北段）新发广场西北侧，有一座"关东军司令部"办公大楼，中国人都不敢在这个大楼正门前停留，因为有两个日本兵手持大枪气势汹汹，双目狰狞，中国人吓得远远地看看，生怕被抓进去，造成灾难。中国人如果见到从大楼内出来一个日军，连大气也不敢出，真如老鼠见猫似的，而且尽量离远些走，以保平安。中国人都感到这座大楼就是有权杀人的"阎王殿"，中国人挑着食物担子虽然到处叫卖，可是从没有人敢在"关东军司令部"门前叫卖，只能在中国人居住处大声叫卖，因而中国人敢怒不敢言，怨气冲天。

从当时的顺天广场看伪满国务院

20 世纪三四十年代，驻长春的日本关东军宪兵司令部旧貌

伪满时期，位于现在的儿童医院西四百多米处，曾有个日本"忠灵塔"。塔身高度和现在的人民广场中心的苏联红军纪念塔高度相似。"康德皇帝"溥仪每年奉令去日本"忠灵塔"参拜。位于中央通曾有个日本"神社"，每当电车行至"神社"门前时，车内所有日本人都站起来毕恭毕敬地面对"神社"行礼。

伪满末期，日军在侵华战场和太平洋战场一再失利，长春每当中午 12 时，全市鸣汽笛。各日本百货商店的日本营业员及日本顾客，都低下头来默祷一分钟，盼望日军打胜仗。中国人也跟着默祷，心里盼望日本快快完蛋。

1940 年，"康德皇帝"溥仪奉令为庆祝日本"神武天皇"登基 2600 年，亲手接回"天照大神"三件"神器"——八咫镜、天丛云剑、八坂琼勾玉，在同德殿东南角建造了小型"建国神庙"。

除了前述新发广场西北角的关东军司令部是统治镇压中国人的总指挥部外，还有位于新发广场东北角的日本宪兵司令部，据闻是屠杀中国人的地方。而位于大同广场（今人民广场）四周的有伪满中央银行、伪满首都警察厅、伪满市政公署、新京放送总局（广播电台），再向南还有伪满协和会等。

自九一八事变后，由于东北地区地大物博，资源极为丰富，日本侵略者

20 世纪 30 年代的新发广场

把东北当成了日本的军需、军用大型仓库，同时也当成了日本人吃、喝、玩、乐所需用的大仓库。日本当局任意使用、占有、运走东北的大批物资、物品，中国人稍有反抗，后果便不堪设想。日本当局绞尽脑汁，想方设法完全控制和封锁中国人的经济命脉，竟给中国人每户发一个小本，美其名曰"通账"，实行配给制度。用"通账"按老百姓家中人口每月定量配给粮食、豆油、白面，而肉类、棉布、棉花、燃料等则用每月发的票去买。老百姓的主食、副食及布匹不够用时，就得高价私买。

日本当局对中国人实行配给制度，只弄得中国老百姓怨声载道，叫苦连天。

中国老百姓在每月的月初，手持着配给证到配给粮店买粮食，因为人多，总是排成大队，都因为家里已断粮了，只能排队等候。有个妇女说："哎呀，我的男人是铁匠，干活太累吃饭量大，造成月月不够吃，被逼无奈，我只得吃半饱。"又一个老太太说："我儿子是木匠，不但粮食不够吃，每年发给的'布票'也不够用，他的衣服总是补了又补，真是愁死人。"又一个老头说："我们中国的粮食，历来是供过于求，但中国的粮食，如今实行配给，日本人这样对待我们，无处去讲理。"

伪满时期，我亲眼看见，在二道河子、吉林大马路、北八道街用炕席围成大院套，就是日本当局每年收农民"出荷粮"之处，收粮者首先把农民交纳的"出荷粮"用大型磅秤计算出来斤数，然后按照日本当局规定的单价，一次性当面付款。

日本当局尚有绝招，按着农民交"出荷粮"的数量，配给白布，然后在"出荷粮"内，一次性扣款，互不欠账。

在伪满时期，我看见一个农民，他穿的棉衣，上下开花，不言而喻，他家的棉布不够用，否则谁愿身上无衣怨天寒，变成叫花子呢。

在伪满时，我二姐夫郝林在通化有个农民亲属，因为缺吃少穿，家中有个13岁的姑娘没有衣服穿，实在没法儿，就把农田内的豆叶堆在火炕上，用来取暖及遮丑。

郝林接到十万火急的求助信，立即带钱到通化缓解了他们的困境。此事，千真万确。

日本统治下的中国人，堪称生存在水深火热之中，民不聊生，哀鸿遍野。

日本当局又有绝招，出台一个"七二五"停价令。这个停价令对中国人的主食、副食、布匹，各种金属材料、木材、金属电料、建筑器材、百货、皮革等物资和生活用品一律限价。如果超出停价令的单价出售，一旦被发现，就按"经济犯"论处。所谓"经济犯"罪名，没有规定界线，日本当局掌权者说大就大，说小就小，随意给中国人定罪。

日本发动侵华战争、太平洋战争，造成黑色金属、有色金属供应高度紧张，再加上美军用B-29型重轰炸机多次到东北鞍钢进行轰炸，断绝日军金属来源后路。日本当局对中国老百姓的金属管制更加严厉。

伪满时期，长春的东小五马路，人称铁行街，也叫"铁窝子"。这个小街内有许多中国人经营各种废旧黑色金属和有色金属的小商店。在日本各种金属供应紧张后，日本刑警、伪警如果发现这些小商店内有了可用钢材，如元钢、板钢、角钢、工字钢、元宝铁、槽钢、钢管、水暖器材（弯头、三通、水门、暖气包），特别是各类有色金属后，立即抓人走，问罪坐牢。

在这条小小的铁行街，经营小铁匠炉的，多数是山东人。锻打的成品有农民用的锄头、四尖铁叉子、大镐、小镐、洋镐、铁锹。此外，还有铁勺、铁锅铲、斧子、锤子、撬杠等。

当人们进入铁行街时，远远就听到丁零当啷的声音，从早到晚响声一片，人来人往川流不息，非常热闹。这打铁锤的人无论春夏秋冬，总是满头及全身大汗淋漓，参观者报以掌声叫好。

这条小五马路在房改后，已不存在了。

听说就连伪满康德皇帝，也吓得赶紧把皇宫各大厅内大型铜制吊灯，以及宫中的金属饰品奉献给关东军，对日本人讨好献媚。

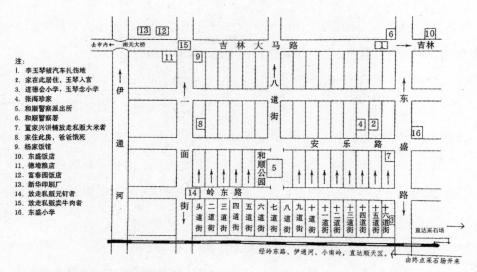

伪满二道河子区平面示意图

[编者注] 溥仪在《我的前半生》中亦有相关记述，详见该书（1964年第1版1985年第11次印刷）第367—368页。

日本侵略当局为了加强对中国人的压迫、统治、残害而精心策划了各种沉重枷锁，"反满抗日罪""国事犯""思想犯""经济犯"等等罪名，只弄得人心惶惶，紧张不安，中国人为了躲过意外的灾难，各饭馆、浴池、茶社、曲艺馆的经理们都自动地在营业室内墙上贴上大字标语，"自照衣帽、莫谈国事"，以防被牵连，受害受罪。如果日警、日特、伪警们一旦发现中国人在闲谈言语中稍有异常，就当场抓走，严刑审问，定罪坐牢。我曾听别人说，对被抓去的所谓"罪犯"采用的是灌凉水、灌辣椒水、上大挂、坐老虎凳等酷刑。那些刑具只要看一眼，就让人毛骨悚然，不寒而栗，不死也让你掉一层皮。侵略者还抓"劳工、国兵、勤劳奉仕"，被抓去的中国人难逃灾难，九死一生，老百姓人人心惊胆战。

"长春事变"后，我家又被迫迁到二道河子15道街18号，租房东贺东升的一间西厢房居住（上页图）。

伪满时期，二道河子吉林大路南侧，是大片菜地或农田。

伪满成立后，日本当局开发二道河子地区，市内中国居民被强行动迁、不情愿而来。

开发区由一面街（今临河街）起，东至乐群街，南至岭东路，北起吉林大路。

吉林大路北侧一直到长春东站，是铁路职工家属住宅区，其余是大片荒地。

大约在伪满康德二年（1935年），日本人在吉林大路北侧与一面街交会处，建成一个大型烟卷厂，其中男女工皆是中国青年，工资皆低。其品牌是双燕，因为新京市只有此一个烟卷厂，销售量高，日本人大发其财。

在伪满以前的大街上，我曾听到叫卖声："哈德门香烟，23吊一盒，45

吊两盒。"

[编者注] 吉林永衡官钱银号

　　这里说的是吉林永衡官钱,该银号的前身是清咸丰六年(1856年)在吉林省城税局内成立的"吉林通济官钱局"。几经停办,最后于1909年8月1日吉林省政府将"吉林永衡官贴局"和"官钱局"合并,并更名为"吉林永衡官钱银号",至民国三十二年止。

　　1932年3月,伪满政府宣布创办伪满中央银行。6月15日,伪满政府将东三省官银号、吉林永衡官钱银号、黑龙江省官银号及边业银行合并,成立伪满洲中央银行,于7月1日正式营业。至此,东三省官银号最终停业。

日伪当局,后来又把大马路最北侧的大型印刷厂迁到二道河子距今南关

大桥约 200 米处，就是今天新华印刷厂的位置，当时是新京市最大的印刷厂。中国人背后私议：这是印刷钞票。

此楼在国民党统治时曾被军队使用，新中国成立后仍然是大印刷厂。伪满初期，二道河子有个露天击石厂，有许多中国老头老太太，自带坐垫，手持小铁锤，把稍大的石块击成形状如鸡蛋大小的石块，建楼者用这些石块来打混凝土。

这里的工人，自带食物，不管是风吹雨打，烈日当头，为了求生存，只得忍受劳累，确是风里来雨里去，击石厂根据每人击碎的石块量多少给工资，有一个朝鲜男人，他是管理员，当面付钱。绝大多数中国工人一天收入都在一元钱以内。

以后日本当局在吉林大路北侧，即和顺四条街，建成一个被服厂，据闻"有部分军用被服"。厂内的工人皆是中国青年人。

伪满以前，位于今劳动公园的莲花泡，我曾目击确有莲花，每当夕阳西下之际，都有中国青年男女前往游览。

二道河子东盛路南侧，即安乐路与东盛路交会处的西南侧，中国人在这里形成一个小热闹市场，除卖各种水果以及青菜外，尚有许多熟食摊位，其中有包子、水饺、面条、油饼、馅饼、油炸糕、江米粽子、馄饨、大果子、米饭坛肉、麻花、烧饼、酱肉白酒、江米切糕、白面馒头、白酒酱肉等。

中国老百姓在这小市场内来来往往，这里成了自由的小天地，但当时有关大米、白面、猪肉都是配给食物，可中国警察都视而不见，谁也不去得罪人，为日本当局卖命，如果铁面无私，有朝一日，他们自己的下场则不堪设想。

1944 年下半年，我正在伪和顺警察派出所当差，职务是户籍员，但也有权抓"经济犯"，别的警察不管，我更不管，我家住在一面街（今临河街），上下班仅 15 分钟，因为我的特殊身份，老百姓背后叫我"皇亲国舅"，我更不能处处去得罪人了。

伪满中期开始，日本当局在东盛路北侧，建成许多工厂，我只记得有个防毒面具厂。

当时二道河子地区内，没有电影院及戏院，1959 年在东盛大路北侧，终于出现了东盛电影院（下页图），以后看电影不用上市内了。

伪满时期，中国人的居住区一直到伪满垮台时，没有一条柏油马路以及上下水道，每当雨天积水成河，造成居民吃水难，卫生难，行路难、难、难！灾民无家可归。

[**编者注**] 下页三张图，为 2005 年长春市二道区吉林大路、东盛大街交会处，也即以前二道河子区的标志性地段和建筑物。摄影陈锐。

二道河子始终仅有南关始发的一路公交车，人们去办事或上班时都坐马车或三轮车，多数骑自行车。

今天人们生活水平提高了，一出门时，绝大多数人打车，老年人乘公交车免费，人民在中国共产党的处处关爱下，过上了美满幸福的生活。

二道河子内，伪满香烟厂、大印刷厂仍在，东盛小学是旧址新建，整个地区都是高楼大厦了，故乡变了样，我再也回不去。

1944 年的初秋，风和日丽的一天，我正在吉林大路和顺六条四处观望，突然一辆马车从西向东行驶，我看到这马车，比老百姓花钱坐的马车大一倍，而且马壮，车也漂亮，众多老百姓的目光投射到马车上。

在车内有一个中国人，他身穿一件大衣，大衣是贵重的水獭领，帽子也是水獭制成，显得神气十足。身旁坐着日本人，面向中国老百姓，露出骄傲自大之态。

当时一个老年人告诉我：马车上的中国人，叫冯老跃，外号"东霸天"，在吉林大路民丰街的北侧，开办了大型锯木厂，冯老跃结交日本人，其势力很

大，一般中国人不敢惹他。

据闻：冯老跃之胞兄，在和顺四条街的最北侧开设粮店，粮食早已实行配给制，可是伪和顺警察署，从署长开始，经济警察们谁也不敢去抓"经济犯"，这明显是"东霸天"独霸一方，因为他有日本人作后台。

1944 年下半年，我在一面街住东厢房，正房居住者张久春是伪首都警察厅的刑警，平日里和他一点没有来往。

1944 年冬季我结婚，脚下没有皮鞋穿，找张久春给我买一双皮底儿，然后我去加工成皮鞋穿。他完成我拜托的事儿，仅收了两元钱。

张久春得意地说："我每天到这个私人的皮革厂时，当时老板给 200 元钱，和皮革厂的人一块打麻将，又供吃供喝，在下班时和日本头头见见面，我也找这个日本头头到这个皮革厂吃喝，也给点钱，头头很满意。"

据传：新中国成立后，张久春曾到农村为民，但天网恢恢，张久春被逮捕，判有期徒刑。因为伪满时，他强行霸占一个未婚姑娘为二房妻，这就是罪证。

　　[编者注] 采访手记：本小节的标题原为"伪满皇宫"，我说您是一个平民，不可能知道伪满皇宫里发生的事，所以建议改为"满洲国民"，老人同意了。本小节的大部分内容，也是新补充的，从一个"满洲国民"的角度，结合相关史料，回忆所闻所见。事无关大小，都是有价值的，谢谢讲述者。

五、严父慈母

伪满时期，我爸爸在南关田家饭馆跑堂，工资是6元。我和弟弟在小学念书，因为家境贫困，姐姐们每天缝织毛衣、毛裤、袜子、手套，挣点儿手工费贴补家用，小玉琴很懂事，也和姐姐们一同干手工活儿，深得父母和姐姐们的喜爱。我爸爸劳金低微，全家收入少，可是节省着过日子也能生活下去。

爸爸一生为人善良忠厚，正直老实，是我们的楷模。爸爸常教育我们说："人生在世要有志气，人穷志不穷，家穷水不穷，穷死不当贼，冻死迎风站，只要有人的骨气，吃苦耐劳，一定会苦尽甜来。"妈妈为人勤劳节俭，经常给我们千针万线地做衣服、做鞋、补袜子，日夜操劳，含辛茹苦。慈母教育我们："在学习上要像古人那样以头悬梁的精神去努力，学习如逆水行舟不进则退，

有了学问有了知识才能干事儿，吃得饱穿得暖，没有后顾之忧。"双亲之恩，我们刻骨铭心。

那时候，我的主要任务首先是把书念好，然后是主动干活，打茅柴、拾煤核，以添补家中烧柴的不足。

伪满时期，"新京"市内公交车少，人们办事时坐马车或人力车，农民们进城卖粮卖柴也用马车，因此造成到处是马粪。

当时家中人口多，只有爹爹在饭馆跑堂，月工资不足 10 元钱，因为家境贫困，但人穷志不穷，我在天寒地冻或烈日当头之际，到处去捡马粪，除家中当烧柴外，还能卖点钱贴补家用。

有一次在春耕前，一位农民把我捡的一堆马粪以两元钱买去，在种地时用作肥料。在那个年代，农民都用农家肥，而且粗粮细做，不但好吃味也香。

我妈妈用我卖马粪的两元钱，买来一袋二号白面，全家也能吃上面条了，妹妹玉琴高兴地说："我大哥真好。"

在旧社会时，白面等级是一号、二号、三号、四号。只有穷人吃三号、四号面。

我又去各处捡煤核，解决家中缺烧柴的困难。我多次去到长春东站铁路附近捡煤核，那里有许多男孩女孩争先恐后地捡煤核，穷人孩子早当家。

话说得远些，中国人在没有机械化施工的时期，在高山峻岭上，用两只手建成了世界闻名的万里长城。中华民族有着勤劳勇敢的优良传统，世人都纷纷亲自到万里长城观看，心中佩服。这就是：人是赖蛋，手是好汉。

但我的两手仅仅为家中做了点小小的事情，相差还远，再奋斗吧。

九一八事变后，在顺天区（今朝阳区）大开发建日本人住宅。一个星期日，我到解放大路（今戏校东边）大约两里远的木工棚外面捡他们扔掉的刨花，大约是在 10 点，忽然听到从解放大路东北方向不远的地方，不断传来人的惨叫声：

"啊，啊……"我问身边的一个男人："这是咋的了？"那男人也就30多岁，是山东口音，说："上刑呗。"他又骂了一句，"小日本鬼子任意糟蹋咱中国人，没有好下场。"那时我虽小，但在我心灵上却种下了仇恨的种子，狠狠地背起一大麻袋刨花赶紧回家了。又在一个星期日，大约午后3点，我身背着一大麻袋刨花，在民康路与解放大路交叉口休息。忽然传来女孩子喊叫的声音，我循声看去，原来是两个身背大枪的日本兵，在大白天向一个中国女学生身上乱摸呢，在远处围观的中国人竟敢怒不敢言。那个女学生好不容易才脱身逃跑，两个日本兵哈哈大笑，扬长而去。我妈妈听说后就大骂："他家没有姐妹吗？真是畜生。"

因为家境清贫，我在小学只念了四年书就辍学了。爸爸托人把我送到伪满洲新闻社（**日本报社**）植字科去做学徒。我每天由二道河子十五道街徒步走大约四公里，到今天胜利公园斜对过的报社上班干活，虽然我每月工资只有10元钱，每天还要起大早贪大黑，但也能够给家中添补一点。

一年一度的春节即将来临了，妈妈对我说："你发工资后千万别丢了，因为家中等钱办年货呢。"虽然这10元钱不多，可是也能买上过年的猪肉、大米、白面、白菜、粉条。我也能为家里分忧了，一想到除夕之夜全家围坐在一起吃饺子的情景，心里别提有多高兴了。

伪满洲新闻社（**右图**）是当时长春最大的日文报社。一楼内设广告部，二楼内设有植字、文选科。日本人大江是厂长，工人有中国人、日本人、朝鲜人。

地下室内设有大型印刷转轮机，其可在两小时内，印出

全市用户的报纸。

我在此处认真学习手艺，每周加班一次，子午下班，徒步行四公里，只饿得饥肠辘辘。当我到家时，我的慈母一直未眠，她老人家把热了几次的苞米面大饼子和白菜汤立即拿上来，我狼吞虎咽，把肚子填饱，慈母看在眼里，心疼地说："以后再加班时，买点东西吃吧，一旦饿坏了，身体要有病。"

我终于学会了文选，身有一技之长了。俗话说："家藏万贯，不如满技在身。"我心中也乐观了。

我出徒时，在桃源路三盛兴印刷所找到工作，当文选工，用稿件找铅字，然后交给别人排版，最后印刷。

印刷所内设有八页机、十六页机、三十二页机，进行印刷。另有一台断裁机，楼上楼下男工女工约30人。我每月工资15元钱。大雪飘飘，冷风袭人之际，因为家中钱紧，没穿上棉鞋，上下班时走路如飞，我的妈妈起早贪黑给我做上棉鞋。人们说："七十有个妈，八十有个家"，世上母爱最为伟大。

总之，我在严父慈母的谆谆教诲之下，走上了人生的吃苦耐劳、自强不息、盼望光明之路。父母那些苦口婆心的教导，成为我受益终身的座右铭。每当忆起童年时老人家的音容笑貌，我都热泪盈眶。如今，我已到了驼背之年，让我用苍老的声音再说一次："亲爱的爸爸妈妈，儿子谢谢你们啦！"

[编者注] 1931年九一八事变之后，东北军一路将东北拱手让给日寇，东三省沦陷。山海关成了"满洲国"国境……中日淞沪会战（一·二八抗战），蒋介石执行"攘外必先安内"国策，内战不胜焦灼，国民政府不仅无力且已无心收复东北失地。

六、化险为夷

1941年初夏，我下班回家吃晚饭，突然间二哥李玉跑入家中，大喊："老婶，不好啦！玉琴被汽车轧啦，快去看看吧！"妈妈和我听见这个消息，吓得大惊失色，急忙跑出家门。

吉林大马路16道街（见26页图示）已经围了很多人，都在为被轧伤的小姑娘担心、着急、害怕。

肇事者是一个无驾驶证又酒后开车的日本人。玉琴的两只胳膊上部被轧骨折，人已在昏迷之中。

交通事故是由二道河子伪和顺警察署的日警出面处理的。他们立即把玉琴送到了伪满满铁医院进行抢救，妈妈一直跟在玉琴的身边。那时候，我的三位姐姐已婚，我承担家务照顾

1941年，李玉琴（后排）与小学同学摄于"新京"

弟弟李贵及小妹玉琨。我只能在上班时，借午休机会匆匆忙忙去医院看望受伤的玉琴妹妹。来到病房，我见到玉琴被痛苦折磨，忧心忡忡，只能给她买好吃的，再好言安慰。玉琴的伤位在治疗上难度太大，日本外科大夫是采用"牵引方式"治疗的，在患者床位的左右上方设铁架子（医疗器械），再把两只胳膊伸进铁架内，在铁架左右下面坠上铁秤砣，逐渐把压伤的伤位慢慢拉开，在伤位完全拉开后，再对准伤位不差一丝一毫地接上。

　　玉琴的伤位接好以后，在表面看不出一点痕迹，直到她73岁临终前，一点儿后遗症都没有，日本医生的医术真是太高超了。

　　今天，我这90岁的白头老翁，深深感谢当年为玉琴治伤的各位日本外科大夫和护士。他们对异国的患者，不管地位高低，也不管穷富，一视同仁，一样认真细心地治疗，真心实意地履行了医生的神圣职责。对于他们的医德，我说句谢谢。

　　[编者注]伪满满铁医院（下图），于1907年建成，位于南广场西侧。现已改为长春人民医院。

　　玉琴在治疗过程中疼痛剧烈，被折磨得日夜哭喊，真是日夜煎熬，吃不好睡不好。妈妈在女儿身旁精心护理，天天伤心、害怕、流泪。

　　玉琴住的病房内，还有20多个床位，都是日本患者，他们亲眼看见中国小姑娘伤势严重，在治疗中因为疼痛难忍而哭喊、呻吟，但这些日本患者都抱

以同情之态，并无反感之意。

之后，玉琴的伤势轻了一些，也能下地稍微活动一下了，就在病房内来回走动走动，当她走到日本患者床前时，日本患者对玉琴表示友好和祝福，有的送玩具，有的送文具，有的给买好吃的，真有些盛情难却。只有妈妈点头同意时，玉琴才收下礼物。各位日本护士，都把玉琴当妹妹一样关心和爱护，按时打针吃药，又教玉琴学唱日本歌曲，当时的情景令人感动难忘。

日本外科大夫和护士们都表现了日本人民纯朴善良的本质，在当时，中日人民友好也是存在的，这也是中日人民应该友好下去的理由。

车祸是日本人造成的，但是，伪满是日本人说了算，他们一手遮天，没有中国人的天地！肇事者仅仅花了医疗费用，关于抚慰金及其他费用一分钱也没给，哪有法律，哪有天理？！好在人康复了比什么都强，我们只能忍着自安吧！

玉琴病愈出院时，意外的是日本外科大夫和护士们，把玉琴送到医院大门口，这些日本朋友都喜欢这个中国小姑娘，都怀着依依不舍的心情，互相祝福，珍重道别。

玉琴被轧伤的部位，如果稍稍偏一点就触及心脏或头部，就有生命危险。只能说吉人自有天相，逢凶化吉，遇难呈祥，大难不死必有后福，这也是一个奇迹。

[编者注] 关于这场车祸，《李玉琴回忆录》中亦有记载。

七、平民欢歌

玉琴康复回家后，爸和妈非常高兴，亲朋好友们（还有同学张海珍、马桂英、杨文达、王景华）也都来看望祝福，屋里欢声笑语不绝，全家人又团聚在一起了。

玉琴康复，重返东盛路南侧道德会小学念书（注：李玉琴1942年在此校念书，旧址处今为东盛小学，见左图。摄影陈锐，2016年）。

因为她学习成绩很好，总受到老师的表扬。但她胳膊的伤才好，家中什么重活儿也不敢叫她干，她只能做点洗刷碗筷的零活儿。

爸爸下工到家后，玉琴赶紧走上前去说："爸爸，您老人家辛苦了，我给您打水擦擦脸，您好好休息吧！"她又说又笑，有时撒撒娇，直到父母哈哈大笑为止。

那时的家中虽然是粗茶淡饭，粗布旧衣，可是其乐融融，有着欢乐和幸福的平民生活。

在晚饭后，我经常帮助玉琴复习功课，妈妈看在眼里高兴地说："你大哥真好，等你长大成人，有了出息，可别忘了你大哥。"玉琴说："妈妈，请您放心，我要是出息了，不但给大哥花钱，也要多孝敬您老人家。"妈妈说："我女儿真通情达理，将来一定会有出息的。"我也插了一嘴："妹妹当上大官儿，我准能借上光。"妈妈和玉琴都拍手叫好。

有时在晚饭后，我拉二胡，小朋友赵浦弹月琴，史玉山吹洞箫，在家的院内演奏广东乐曲《步步高》《平湖秋月》《雨打芭蕉》及20世纪30年代的流行歌曲。

有一天晚上，玉琴和同学张海珍复习完功课也高兴地来听我们演奏的广东乐曲，同院的赵大娘说："四姑娘，你快给大家唱几首歌吧。"围观的人异口同声地让玉琴唱歌，张海珍也说："玉琴，你在学校唱歌挺出名，大家都喜欢，你快唱吧，也好满足大家的要求。"

玉琴面红耳赤地说："张姐，你想听什么歌？"张海珍说："有一次是星期日，咱俩去大同公园（今儿童公园）闲游，看见几个男女学生唱《扁舟情侣》，许多围观者都拍手叫好，你就唱这首吧。"玉琴说："这首歌是男女对歌，现在只有我一个人怎么办？"我看见同院住的王永刚（学生）在场，就动员他和玉琴一起唱《扁舟情侣》。

《扁舟情侣》是30年代的歌，原唱者是周璇和严华。其歌词是：

（男）把桨点破了湖心，点破了湖心的平静，

（女）小船儿缓缓向前行，

（男）湖两旁的杨柳摇摇曳轻轻，

（女）好像欢迎我俩来临，

（男）我俩偎傍着唱歌，

（女）我俩偎傍着吹琴，

（男）唱一曲宝贵的光阴，

（女）吹一曲爱侣的甜心，

（合）甜蜜的歌声，甜蜜的琴音，甜蜜的我们，

（男）看，西半天的晚霞，红彤彤，红彤彤，袅袅的炊烟穿过了树林。

（女）听，寺院里飘来的钟声，晚风带来牧童的笛音，

（男）好一个仙境，

（女）好一幅诗情，

（男）愿我们的爱情像湖水一般的清莹，

（女）愿我们的爱情像湖水一般的甜静，

（合）我们是湖上神仙，我俩永在湖上留恋，留恋，留恋，留恋，永在诗情画意的仙境。

当玉琴唱完歌时，大家立即报以热烈的掌声，一再要求多唱，玉琴接着又唱了一首 30 年代的歌曲《金丝鸟》，原唱者是姚莉，其歌词是：

1. 金丝笼中金丝鸟，锦衣玉食养得娇。

挂在绣楼闲逗主人笑，隔帘细语啁啾，不知春已到，问小鸟枉自聪明，为何长守笼牢，你不见郊外春光好，桃李争斗新装娇，杨柳丝丝迎风飘，不如振翅冲出了黄金笼，海阔天空任逍遥。

2. 金丝笼中金丝鸟，清水美食吃得饱。

悬在画檐长日太无聊，隔笼空自嗟叹，束缚太苦恼，问小鸟枉自伶俐，为何不想飞逃，你不见郊外春光好，黄莺竟织柳柔条，蝴蝶双双舞轻飘，不如振翅挣脱了黄金笼，自由天地乐逍遥。

因为玉琴唱得好听，大家仍然要求再唱下去，但妈妈生怕玉琴睡眠不足影响学习，这小小歌会便以欢乐而告终。

玉琴的同学张海珍和我家住对门。一天，玉琴到张海珍家找她复习功课，恰巧有一位算命先生正为张海珍算命看面相，张姊就请先生也给玉琴看看，玉琴说："张姊，我没有带钱。"张姊说："不要紧，这两角钱我给付。"玉琴

不好意思，报了出生年月日及时辰，算命先生给玉琴算了卦，然后又认真地看了手相和面相。先生竟吃惊地说："看你的手相和生辰，你眉里藏珠，是大富大贵的人，将来必有凤冠霞帔之命，可喜可贺。"

张婶开玩笑地说："你当了皇娘我要沾光好吗？"玉琴也没客气地开玩笑说："张婶您准能沾光。"这些忽悠人的迷信之词，玉琴听了后一笑就过去了。

但是，妈听了算命先生的话后，说："傻孩子，宣统皇帝早已退位了，现在是'满洲国'日本人说了算，再不会有什么皇娘了。"玉琴并无异议，而是安心念书，想长大成人后挣钱养活父母。（*50年代我曾去七马路胜利大街东侧张海珍家中，以后失联。*）

说到迷信，伪满康德二年，长春城有个神乎其神的传闻："孝子坟树出血了，仙药治病。"

人们听到这个传闻都觉惊奇，如果不去看看，太不甘心。当时我也抱着好奇之心，就和两个要好的小朋友前往观看。

伪新京大同大街孝子坟

只见在孝子坟四周堆满了人们赠送的横匾，男女老少，人来人往，川流不息，有人上去，又烧香又磕头又施钱，旁侧有位僧人，立即击响铁制的大钵盂，他念念有词："无量佛……"施钱者在大香炉内取走了香灰，声称："回家给患者治病。"

传闻起因是，日本当局大张旗鼓建大同大街时，在前进方向有一块坟地，有一个坟墓旁侧长了一棵树，当人们用铁锹触动时，在树根处流出液体，有惊奇者说："孝子坟的树出血了。"

这也可能是发现者误认为是血，日本当局趁机采取愚民政策，变相统治中国人。

今体育馆所在之处在伪满时，曾是一块大空地。在孝子坟的树出血传出后，不晓得是何人主持，在这块空地上搭起戏台，连续唱三个月京剧，因票价低，看戏者天天满员。

在戏台的前方路边，设有熟食摊位，其中有油炸糕、江米粽子、水饺、面米炒菜等，车水马龙，非常热闹。

伪满新京大同大街，在东北各城市内，最有名声。但日本当局能容忍孝

子坟在大同大街上存在，其意何在，令人百思不解。

[编者注] 孝子坟

孝子坟是老长春的一张"名片"，日伪当局利用其进行愚民统治，中国人则借其寄托改变生活和命运的期望。

孝子坟，建于民国初年，旧址位于今长春市人民大街上，省文化活动中心以西，解放大路以北。1958年拆除。

说到孝子坟，就还得提一下它旁边（东侧）的露天音乐堂。伪满时期，在大同公园（今儿童公园）建成露天音乐堂，对中国人宣传"日满亲善，王道乐土，日满协和"等。

日本人在此处无偿演出文艺节目，有管乐器合奏、合唱。中国老百姓们不懂日语，毫无兴趣，并不买账，几乎台下观众走光。

有一次，"满映"不知何因也在此处公演。"满映"的演员十多人，包括何奇人、浦克、王福春、白玫、孟红等，他们在半圆形舞台边，反复来回，边唱边舞：拍拍手儿来来来，遍地黄金藏，你也喜来我也喜，吃穿无愁肠，来来来庆协和。"我已经90多岁，记得可能有错。"在舞蹈后，"满映"演员李香兰身穿华丽夺目演出服，从演员室内走出，缓步笑容来到麦克风前，"满映"的乐队奏起《何日君再来》的前奏，她唱了此歌共四段歌词，台下掌声热烈。但不知何因，她又重唱一次此歌，才走下舞台。

当时演出还有现场直播，我从观众中挤到报道工作人员的背后，看见这个中国人手无稿件，而是凭他耳听眼见全场一切演出情况，对着手中的小麦克风，一一解说，可能是新京放送总局在把这场演出全部情况，这样转播到全东北各家各所。

有一次，不知是何单位，也在露天音乐堂举办男女声乐人才招聘会，不分男女，不限年龄，不要报名费。

但男性参赛歌曲，必须唱《镜花之恋》，原唱者是上海名歌手严华，吉士词曲。女性参赛歌曲，必须唱《小山歌》，影片《复活》插曲，原唱者上海影星李丽华。

先后约30多人参赛。但不允许参赛者有乐队伴奏，必须清唱，一次性试唱，失败成功个人负责，但绝不搞矮个里拔大个儿，如果唱歌水平不合格，一名也不录取。

女参赛者吴秀云、吴彩云是同胞姐妹，她俩的音域宽，音调非常高，堪称一鸣惊人。据我胞妹（李玉琨）称：她两人在新中国成立后，一个在吉林省歌舞团工作，是专业歌手；另一个在长影乐团歌队，也是歌手。

有个男生参赛者，年约20岁，据闻，他是二道河子民丰三条街的，日本人私立东亚日语校的学生宋某。他参赛歌曲是影片《夜半歌声》主题曲，原唱者盛家伦，田汉词，冼星海曲。此歌难度大，但宋某唱得音厚、音宽、音甜，节奏准，弱强鲜明，真是个好人才。这部影片，伪满时期我曾在国泰电影院看过，如梦初醒，知道宋某与盛家伦的水平不相上下。主持招收乐手的人，是五个男人，坐在主席台上，会后宣布：参赛者回家等候通知。

新中国成立后，露天音乐堂为民所用，长春各单位都有业余文艺组织。

我在伪满时期结识了乐友冯礼，在新中国成立后，他在市盲哑校当器乐老师，学生都在18岁以下。

有一个周日，他带着学生也在露天音乐堂演出，冯礼拉高胡领奏潮州音乐《海棠花》，此曲不但长，而且难度高。

这些盲人学生演奏琵琶、大三弦，拉低胡，吹笙，吹短笛，吹唢呐。

冯礼和学生演奏配合默契，演奏得成功，台下的观众，真如意外的收获，给予热烈的掌声。

冯礼在以后调到吉林省曲艺团，专业作曲。我在全省离休干部首届文艺会演时，曾邀他拉小提琴，配合演奏广东音乐，因为效果好，荣获一等大奖。

但以后冯礼一直因病卧床，令我想念。

又有一次，长影乐团也到露天音乐堂演出，著名男高音歌手李世荣也登台献艺，他唱的歌名我已忘记，只记得两句歌词："戴花要戴大红花，骑马要骑千里马……"

李世荣在长影曾唱了许多好听的歌，如《草原晨曲》主题歌、《我为祖国献石油》，《友谊之歌》系《冰上姐妹》电影插曲。只可惜前些年他已离开人世，这是歌坛一大损失。

总之，露天音乐堂为民所用后，给演出单位带来许多方便，观众不用花钱买票看文艺节目，都感到高兴。

[编者注]露天音乐堂

1938 年落成，之后一直到 1945 年的七年间，演出的多是为日伪在中国东北的殖民统治作嫁衣的内容，演出单位有"新京音乐院""满洲舞蹈学校""新京放送团""新京军乐队"等，"全满新歌手比赛大会"在这里举行，歌曲《满洲姑娘》《皇帝圆舞曲》《满洲帝国陆军军歌》《筝曲》等从这里传遍整个"新京"城……1969 年 3 月，露天音乐堂被拆除。

八、骨肉分离

1943 年，玉琴在"新京"南岭国民女子优级学校念书。班主任藤井老师是日本人，对待中国学生从来不打不骂、不歧视，耐心教课，学生对她都很尊敬。

一天，副校长小林（日本人）和藤井老师在各班级内，对学生好似相面一样，挑选出来 60 名相貌好、身体好、学习好、人品好的女学生，集中到市内照相。

此刻的玉琴已是落落大方、亭亭玉立、柳眉杏眼、肤白如雪、活泼喜人的美丽少女了。她也被选上了，在小林的带领下去照相。在照相时，同学们穿的校服都是海军式。玉琴因家境困难没买校服，她穿的是妈妈做的花上衣，照的是半身相片。但在照相之后，一些学生及家长们感到要有什么大祸来临似的，背后议论不止。我的父母和玉琴也是惶惶不安，不知道小林怀揣怎样的坏主意呢，校长吴勤说话不管用。

"帝室御用挂"吉冈安直

约在照相一周后，爸爸下工到家，妈妈说："今天玉琴的副校长小林和藤井来到咱家，让玉琴去'皇宫'内念书，不收学费和食宿费。我不相信这样的好事能降到平民之家，这是日本人有坏主意，就婉言谢绝了。"玉琴和我都不相信，爸爸认为其中有鬼，不是说谎就是骗人。全家统一了看法，都说不去，别吃亏上当。

次日，我的三个已婚姐姐和妈妈及玉琴在家中商量，担忧去"皇宫"

念书的事儿，如果不去，又惹不起日本人，去了是假的怎么办？七言八语的拿不出来办法。

上灯之际，小林和藤井又领来一个日本大军官（上页图），只见此人身穿高档将校呢的将军服，头戴军人大盖帽子，佩带大战刀，脚穿黑色牛皮大马靴，身材又胖又矮，他大摇大摆，迈着不紧不慢的四方步，摆出神气十足的官架子，面目凶恶，小眼球乱转，毫不客气地坐在炕边上。因为屋内狭小，除地上有一个松木大衣柜外，没有桌子和椅子，只得委屈一下了。这位将军心怀不可告人的目的，首先把屋中的一切看了又看，对屋中的人好像相面似的仔细打量，一下子屋内的人都紧张起来。

经小林介绍，这位将军就是"帝室御用挂"（机要秘书官）吉冈安直，他是关东军司令部中将参谋。吉冈突然的到来，实际是对我家进行政审。

父母看见日本大军官，吓了一大跳，心想："为什么这么大官能到老百姓家来呢？藤井老师也来了，这可能是玉琴在学校内惹了什么大祸出了事，被找上家门来了。"

母亲什么话也不敢说也不敢问。爸爸只好赶紧上前，很客气地满脸堆笑，先礼后话："不知将军光临寒舍，没出门迎接，请将军别见怪，多多原谅。"我站在爸爸身边，深知这是屠杀中国人的恶魔，心中七上八下、忐忑不安，不知道家中要有什么大祸临头。

吉冈沉默了一会儿，皮笑肉不笑地终于开口说话了。他对我爸爸说："你女儿的顶好，大大的好，让她去到皇宫内念书的、吃饭的、穿衣服的、住宿的，统统的不要钱。书的念好了，皇帝要选她为公主，这是大大的好事，你的大大的高兴吧！"

我爸爸听了吉冈的花言巧语，毫不相信，哪有一个平民老百姓的孩子能进"皇宫"念书，又是什么钱也不要的奇怪事，而且书念好了，一个高高在上的"皇帝"又要选她为"公主"，这个事不可能，是神话故事，纯属是在骗人。

我更不相信，世界上从没听说，能有这样的好事儿落到平民之家。

此刻，我爸爸不敢说实话，否则后果不堪设想，为了打开僵局只好应付一下，来个投石问路吧："我的女儿太小，又不懂事，恐怕没有这样的好造化吧！"妈妈也说："女儿太小，等过几年再说吧。"因为父母是一家之长，众姐姐和我都不能多言，我是不敢插嘴，等待吉冈表态，然后见机行事。

吉冈老奸巨猾，诡计多端，他听了父母的话后，立即意识到这是变相拒绝。他一收笑容，满脸怒气地大声吼叫，他用手一指我爸爸："你的良心大大的坏啦坏啦的有，这是皇帝陛下的命令，必须服从，违抗命令的，统统的死啦死啦的有。"吉冈一摆手，命令小林把玉琴当场强行带走。

玉琴左右为难，不知如何是好，如果反抗，又怕给父母造成大灾大难，如果真的去了，又怕上当受骗，真是火上房三丈，当时急得都蒙了，一句话也不敢说，不知所措。

父母深知，老百姓没有和日本关东军讨价还价的余地，不敢说个"不"字。母亲被逼得万般无奈，就给玉琴找了一套干净衣服穿上，母女难舍难离拥抱在一起，满脸泪痕，不知道下一步是什么样的灾难，怎样折磨，怎样受罪！

玉琨小妹妹年龄小，还不太懂事，她天真地拉着玉琴的手，说："四姐，星期天你可要回家呀，咱俩一块儿玩。"

众姐姐心中明白，但是，事已至此只能假戏真做："玉琴妹妹，在校要听老师话，团结同学，好好学习，家中爹妈我们照顾，放心吧。"

小林当场就把玉琴带走了，吉冈他们这样明目张胆地逼迫，造成了我们全家和玉琴的痛苦。

李玉琴被日本人强行带走之后，我的爹娘日夜想念而且内心痛苦，仅仅20多天，玉琴的老师藤井突然来到我家，她很礼貌地对我妈妈说："我奉吉冈将军之令来通知，明天晚7点，您和儿子女儿到我家中。"

我的爹妈不知道吉冈又有什么坏主意，而且吉冈的"通知"就等于命令，冒着危险硬着头皮也得去，如果违抗这个"通知"，后果不堪设想。

藤井老师家是日式住宅，我们一行五人，首先拉开拉门，然后脱鞋上炕，室内没有地面，炕上都是长方形草垫子，草垫上面有凉席，用餐就坐在凉席上面，接待来人，都坐在凉席上。藤井对我们的来临很热情客气，互相间没有对话。因为她丈夫在侵华战争中阵亡，儿子当兵一直没信，她一个人显得冷冷清清。

吉冈来到时，他把大战刀放在炕上，板着面孔，显得严肃，面对我妈妈说："老太太，你女儿进宫念书，是有条件的。"他拿出一张纸，上面许多墨笔字，"老太太看看，然后签字。"

我妈妈不识字，叫我看看是啥事儿。我一看是"六条禁令"：

1. 李玉琴进宫，家中不许求官求职。

2. 家中不许求房屋，不许求土地。

3. 不许家人进宫看望李玉琴。

4. 不许李玉琴回家看望父母。

5. 不许假借皇帝的名义关系做什么事情。

6. 皇帝有任何命令，必须服从。

当我看完这"六条禁令"，极为愤怒，吉冈仗势欺人，步步紧逼，得寸进尺，岂有此理。但我们敢怒不敢言，也不敢当着吉冈面商量一下，怎么办？我立即把这所谓"六条禁令"交给三姐让她给妈妈念念，然后做主。我妈妈、二位姐姐及妹妹李玉琨都心中明白这是坑人害人的手段，难以接受，这是变相的卖身契。

在过去旧社会时，有的穷人卖儿卖女，当场写个"卖身契"，然后签字画押，其子女永不许回家。

吉冈心狠手辣，和溥仪相勾结，用"六条禁令"遮掩他俩的阴谋诡计，阴险害人，这是掩耳盗铃，自欺欺人。

以前我在新民戏院，曾看过一幕京剧。

有个山寨大王看见一个美丽动人的姑娘，他垂涎三尺，欲强抢这个姑娘做他的压寨夫人，就令两个喽啰持着两包彩礼，对姑娘的爹娘，以强权之态命令："在某日用花轿把你的女儿接进山寨和大王成亲。"这幕京剧内容，和"六条禁令"的性质完全相同，仅仅手段不同，换汤不换药而已。

吉冈得到签字的"六条禁令"时，他面有微笑："老太太，再过几天，皇帝陛下将赏给一万元钱，你高兴吧。"

我妈妈一听，这是给的卖儿卖女钱，一下子怒气冲天："我不要，不要，不要。"

吉冈立即大声吼叫："老太太，这是皇帝陛下的命令，不许违抗，如果敬酒不吃吃罚酒，你就是罪人。"

[**编者注**] 永康庄

　　位于上海路，上页图为伪满永康庄旧影，上图为历史建筑现状。陈锐拍摄于 2016 年 12 月。

　　大约过了 10 多天，我的父母被召进宫去看望女儿玉琴，在同德殿内赐宴，在母女亲热中相谈，因为御妹二格格韫和陪客，母女只能谈些场面的话。在用膳后，二格格显得很客气，拿出一万元钱，她说："这是皇上的赏赐，请您收下吧。"但妈妈执意不收，又经二格格再三劝说，妈妈考虑自己的女儿尚在溥仪的手上，为了自己的女儿，不能拒绝，妈妈迫不得已，就勉强收下了，否则钱再多也绝不能卖掉亲生骨肉。

　　二格格完成了溥仪交给她的给钱任务后，她对待我妈妈也有了热情，能够有说有笑了，在玉琴陪同妈妈下楼时，她热情地说再见。妈妈和玉琴又拥抱在一起，玉琴含泪说："妈妈多多保重。"玉琴又令宫女庆喜把妈妈一直搀扶着送到"皇宫"大门口，挥手再见。

[编者注]采访手记：

本书中像这样发生在"皇宫"里的记忆，是由李玉琴解放后回长春，兄妹俩促膝长谈而得，李凤这样说。

九、居心叵测

溥仪的第三位妻子，"祥贵人"谭玉龄（**右图，资料照片**）在1937年入宫。吉冈对溥仪选妻高度警惕，他亲自到北平谭玉龄家乡两次调查，在审查合格后才批准他俩结婚，对我家也不例外。

但是，谭玉龄婚后有了疾病，御医佟成海正在给她治病。吉冈从中插手，从"满铁"医院找来一个日本大夫给她治病，注射一针药液，宫中人谁也不知是什么药。

在吉冈和日本大夫走后不久，谭玉龄身亡（1942年）。

吉冈又再三动员溥仪选日本姑娘为妻，又说："日本姑娘漂亮、温柔、体贴。"吉冈此举，是关东军的长远计划。一旦喜得龙子，就有了日本的血统，以后，子又生孙，孙又生子，久而久之，这个"满洲国"就演变成为日本国了。这是婚姻演变手段，真是用心恶毒。可是溥仪生怕他身边有日本人的眼睛、耳目，成为心腹之患，就婉言谢绝了，也算是一个明智之举。这是溥仪与吉冈之间明争暗斗的较量，吉冈的计划终于没有得逞。此前，"御弟"溥杰已娶日本姑娘嵯峨浩为妻，一旦溥仪百年之后，关东军将令溥杰为帝。

[编者注] 溥仪《我的前半生》第 351 页：

"1937 年 4 月 3 日，溥杰与嵯峨胜侯爵的女儿嵯峨浩在东京结了婚。过了不到一个月，在关东军的授意下，'国务院'便通过了一个'皇位继承法'，明文规定：皇帝死后由子继之，如无子则由孙继之，如无子无孙则由弟继之，如无弟则由弟之子继之。"

吉冈仍不甘心，为了完全控制溥仪，他又匆匆忙忙地从各学校取来约 200 张学生照片，供溥仪从中挑选，结果李玉琴被选上。吉冈又以进宫念书为由，把李玉琴挟入宫中，仍然控制"康德皇帝"。

吉冈为了溥仪选妻，东奔西走，表面是关心，但实际是为了日本的利益。这在当时，对于我们一个普通人家的眼界来讲，还看不明白接下来发生的事情，以及背后的真相，所以今天回忆过去，当时该有多么的无助和无奈啊。

[编者注] 溥仪《我的前半生》第 365-366 页：

"1941 年 12 月 8 日，日本对英美宣战……1942 年，做了日本首相的前关东军参谋长东条英机，到伪满做闪电式的访问。我见了他，曾忙不迭地说：'请首相阁下放心，我当举"满洲国"之全力，支援亲邦日本的圣战！'"

十、册封前后

玉琴册封，大致情况摘要如下：

玉琴从家中被小林带走后，当天晚上被安排到藤井老师的家中。藤井老师的丈夫在侵华战争中阵亡，儿子当兵没音信，家中只有她一个人，一切都方便。藤井家住七马路，就是今天儿童电影院对过儿的永康庄，玉琴吃了藤井做的可口饭菜，又在她家洗了热水澡。

玉琴整晚翻来覆去睡不着，心中想此去念书，不知吉冈设的什么圈套，是真是假猜不出来。自己又傻想，如果真是念书受气，就偷偷跑回家中，再往回找也不去。真是年幼无知，事情怎能那么简单。

次日早饭后，藤井带着玉琴去伪满满铁医院全面体检。藤井认为身体合格，又带她去整理头发。当天傍晚，由吉冈之妻和二格格爱新觉罗·韫和（**溥仪的胞妹，格格是满语，即二小姐**）坐轿车带入伪满皇宫。

电视剧《非常公民》没有真实地还原历史原貌。玉琴进宫是坐轿车，电视剧中是人力抬轿；玉琴只会唱 30 年代流行歌曲，电视剧中竟是唱二人转；电视剧镜头是玉琴接"天照大神"进宫，而实际是 1940 年溥仪去日本庆祝神武天皇 2600 年大庆时，亲手接回"天照大神"的，又在同德殿东南角建造一个"建国神庙"；电视剧中是几个宫女用大木桶强制玉琴洗澡，实际是在同德殿内早有玉琴的洗澡间。剧中，还描写玉琴和杜晓娟给溥仪磕头，此举更是根本不存在。溥仪当时是文史专员，而且正在住院治疗期间，没有任何权力让她俩下跪磕头。后来，玉琴和大嫂杜晓娟就此事去北京上访，是全国政协沈德纯同志亲自办理并解决的。

此电视剧公演后，皇后婉容胞兄润麒和玉琴之子黄焕新登报质疑。《非常公民》剧组这种篡改历史的做法是对玉琴和杜晓娟的丑化、贬低，真是令人气愤。

言归正传。玉琴进宫时，二格格态度傲慢、声色俱厉地告知玉琴，"见了皇上必须磕头"。这引起玉琴极大不满。当时玉琴不软不硬地回击一句："姑娘不给别人磕头，我没有这样的习惯。"二格格又说："一定要磕头。"玉琴听而不答。

玉琴绝不是一头温顺的羔羊，对二格格的傲慢，经常给予回击。玉琴被二格格带进溥仪的大书斋内，看见一个身材稍高，年约30岁，稳坐单人大沙发上的男人，他身穿漂亮的西服，戴着浅色墨镜，头发油亮，精神潇洒，他就是"康德皇帝"溥仪。

二格格给溥仪行礼后，让玉琴给"皇上"磕头，玉琴不情愿地跪下给溥仪磕头。

玉琴在磕头时溥仪似乎很关心，他赶紧伸手把玉琴拉起，说："别磕了，别磕了。"溥仪竟"呀"了一声："你的手热，是否发烧了？"溥仪又摸了一下她的额头果然发热了。他命人用体温计测温，确实有些热，立即传御医给玉琴打了退烧针。

玉琴感到溥仪是体贴人的。实际玉琴的病就是这两天精神紧张，没休息好造成的。

溥仪看见如花似玉、美貌动人的小姑娘，又满意又高兴。就和玉琴对话，问了家中生活方面的情况，父亲及哥哥的职业，在什么学校念书，今后是否还念书，等等。有问有答，溥仪感到她口齿伶俐，吐字清晰，不动声色，对答如流，但又感到这是表面的现象，要想生活在一块儿，必须从其他方面再进行考验。

溥仪又问玉琴："你看墙上挂的画像怎么样？画得好不好？和我本人一样吗？"玉琴就认真地看了墙上的挂像，又仔细看了溥仪面部，不假思索地说："画得过于庄严，不如本人自然好看。"

溥仪听了后竟拍手哈哈大笑，玉琴被笑得莫名其妙，心想："我是实事求是地回答，他为什么笑我呢？"原来一般人在"皇帝"面前都不敢说真话，只能奉承说画得好看，和本人一样自然好看。因为别人在溥仪面前都说谎话，溥仪对外面的事很难知晓，急需一个敢于说实话的人。真是"踏破铁鞋无觅处，得来全不费工夫"，终于有了个直爽忠实的人在身边。

溥仪高兴地说："我喜欢你敢于说真话，心口如一，不虚伪不奉承，以后要永远对我这样。"溥仪此举是对玉琴的第一个考验。二格格在旁耳闻目睹溥仪已经喜欢上玉琴了，她来了个一百八十度大转弯，言语也温和了，面带笑容问玉琴："还有烧吗？再打一针退烧药吧？"玉琴说："现在已经退烧了，谢谢关心。"二格格此刻感到，完成了送人任务，也该告退回府了。

华灯初上，溥仪问玉琴："你饿了吧？"他也不等玉琴表态，立即下令传膳。御膳房送来不少饭菜，热气腾腾，香味扑鼻，米饭、花卷、馒头，各种点心。玉琴跑了一天已经饥肠辘辘，心想，吉冈叫我进宫念书而又口口声声什么钱也不要，又不是我强求，既然饭菜送来，我就不应该再客气了，说："皇上一块儿吃吧。"溥仪回答说："等一会儿我还有饭菜，你自己吃吧。"玉琴在就餐过程中，溥仪关心地一个劲儿说："你吃点这个，吃点那个。"只把玉琴弄得不太好意思。玉琴已饿了一天，就大口大口地吃起来，溥仪高兴地说："你的食欲真好，你天天这样我才高兴。"

晚餐后，溥仪又有关键问题考验她。他把玉琴带进龙寝内，笑嘻嘻地说："你已经累了，早点在这床上休息吧。"玉琴一看是一张双人床，而且又是男人睡觉的房间，心中不高兴，更不愿意："我是一个姑娘，为了求学而来，绝不能随随便便地和一个男人在一张床上睡觉。"这不高兴的情绪很快从脸上流露出来。溥仪对玉琴的逆反心理心领神会，感到她是一个白玉无瑕、玉洁冰清的好姑娘，溥仪心满意足，心里偷着乐。

溥仪下令道："来呀，在同德殿给李小姐的寝室一切安排好，室内外收拾干净，床上铺上最好的床单和被褥，不许有半点马虎大意。"几个宫女奉命立即行动。

　　溥仪又破例亲自把玉琴送到同德殿她的寝室内，这是对玉琴高看一眼，一般是宫女带路。当时玉琴不了解封建宫廷规矩，二人同行。以上是对玉琴的第二个考验。

　　溥仪又传膳，在玉琴的寝室内摆上大圆桌子，有米饭、花卷、点心、山珍海味各样炒菜，他又喝酒，又吃菜，又说又笑，真像小孩子一样，特别高兴。又让玉琴也喝口酒，但玉琴不会喝酒而谢绝。封建宫廷内，皇上赐酒赐宴都不许拒绝，因为玉琴初进宫中，还不懂这些规矩，溥仪并不见怪。

　　溥仪晚餐后，手拿起一串念珠，他说为"皇军"打胜仗做祈祷。玉琴当时问："皇上为什么不恨日本人呢？"溥仪当时笑而不答。以后他俩感情升温，溥仪才说实话："我生怕你是关东军派到我身边卧底的特务，我就有危险。为皇军祈祷是假。"此举是溥仪对玉琴的最后考验。溥仪对玉琴各方面心中满意，认为玉琴是合格的未婚妻。

　　次日，玉琴早餐后，由宫女带她去看她的各个房间。首先是一个小客厅，厅内有高档古式桌椅，有叫不出名的古董、字画，可谓古色古香，厅内有个漂亮的铜制大吊灯，还有几盆鲜花，富丽堂皇，美不胜收。室内有卫生间、浴室，化妆室内有高档化妆台、高档化妆品。

　　玉琴看到这些后，心中感到奇怪：为什么一个学生的宿舍，竟有这样完美的条件呢？越想越不明白。玉琴就问身边的宫女："我的教室在哪里？老师在哪里？现在有多少学生？什么时候开学？"真没想到宫女一问三不知。玉琴说："我要到院内去看看教室。"宫女答道："李小姐不可以。"

　　玉琴正在寝室内生闷气时，溥仪来了，他满脸笑容、言语温和地问："昨夜睡得好吗？饭菜可口吗？体温正常了吗？"玉琴正生气，所答非所问："皇上，教室和老师在哪里？现在有多少学生了？"回答是："只要你一个人伺候我就够了，多了我不喜欢。"玉琴听到"伺候"二字，不解其意何在，怎么学生还要伺候皇上呢？这一连串的疑问，让她感到吉冈可能是在骗人。玉琴心中气就大了，当时就气冲冲地问："皇上，我想去院中看看教室也不让，一个学生自由也受到了限制，太不应该了！"溥仪满脸赔笑，然后拿出老爷子的大架子："来呀，把院内闲人赶走，我和李小姐各处去看看。"宫女只吓得赶紧跑下楼，执行命令。

玉琴在同德殿内，1943 年，溥仪摄影

溥仪甘当导游，玉琴真是理直气壮的，她认为这样都是理所当然，真是初生牛犊不怕虎。能让皇上陪同散步并当一名解说员，古往今来实属少见。

同德殿一楼大走廊一室内，设置一个乒乓球台，溥仪想试验一下玉琴的体质，就问："打打球好吗？"玉琴毫不在乎地拿起球拍，有时大板扣杀，有时长球短球结合抽打，把溥仪打得只有招架之功，无还手之力，汗流满面。玉琴面不改色，气不粗喘，粉面外溢桃红。溥仪连输三局，只得风趣地说："你的球艺高，我认输了。"

溥仪又带玉琴去到另一室内，设有一架立式钢琴，他满面春风弹了两首外国曲子，来显示他的才艺，讨玉琴的欢心。

玉琴见到溥仪的十指有时快似流星，琴音犹如万马奔腾，又如汹涌波涛；有时慢如莺啭幽谷，起伏婉转，抑扬顿挫，曲调动人。玉琴听完后，乐得一下子跳了起来拍手叫好："皇上，你真有两下子，我爱听。"此后，溥仪经常弹琴给玉琴伴奏，以安慰她的满腹愁肠。

溥仪又乘兴带玉琴到另一室内。室内是中国古式桌椅，供奉他的"列祖列宗"，此外还有古董字画等。他介绍他的祖辈们都是智勇双全、精通武术、建功立业、开疆辟土的伟人。

玉琴听了说："好，真是了不起的人物。"

溥仪认真负责，又带玉琴到一室内。桌椅是西式，正中央有个单人漂亮大沙发。溥仪自豪地介绍说："我曾坐在这个大沙发上接见了几届关东军司令部的司令官以及外国使节和日本贵宾等。"又显出扬扬自得的样子。小小的玉琴尚不知道他的处境，更不了解她和溥仪都受到软禁，只能说："佩服。"

"康德皇帝"不辞辛苦地又带玉琴到"御花园"内一游。此时春光明媚，春意盎然，到处是桃红柳绿、引人入胜的佳景。小玉琴步伐轻盈，东奔西跑，溥仪自然是跟不上。"你上假山要注意别摔着。"因为玉琴一直没看见教室和同学在哪里，才知道是狡猾的吉冈和大"皇帝"耍花招欺骗一个女孩，心中难受，溥仪在后面大喊大叫，她就装听不见，看你能把我如何？溥仪终于累了，提议各自回寝室去休息，这正合玉琴心意，连头也不回跑到寝室去了。

溥仪自和玉琴在"御花园"内一游后，心满意足，便频频到她的寝室，以便更加细致地观察玉琴的一言一行、一举一动，是否符合他理想意中人的标准。

溥仪眼中的玫瑰花，既娇美又艳丽，人人喜欢人人爱，只可惜玫瑰刺儿锐、刺儿尖，只供观赏无法接近。溥仪觉得玉琴招人喜欢，又认为时机已成熟，于是进行最后的冲刺——挑选吉日给她"册封"。一天，溥仪拿着两张用毛笔写的材料，到玉琴的寝室里叫她看完签字，玉琴从头至尾看了几遍，只气得眼泪夺眶而出。因为这个 21 条和"六条禁令"，都是对她和娘家的种种限制：不许回娘家探亲，不许娘家人进宫看望，不许给娘家求不动产和钱财，要伺候皇上一辈子，不许私蓄一分钱，皇上有命令绝对服从，等等。

"禁令"中不许回家和不许爹娘进宫看望，绝不能接受。玉琴竟写了一个

"死"字，以示反对，溥仪气得大喊大叫："小玉琴，我白心疼你了，你这样不听话，以后叫你受罪。"溥仪没想到玉琴又跺脚又哭，悲悲切切的泪流满脸，特别伤心。

溥仪沉默了一会儿，无计可施，又舍不得这朵美丽动人的鲜花，只好转变方式。此刻，他语气温和，就像哄小孩一样："玉琴，你别再哭了，我心中也不好受，只要你签上字，我给吉冈看一下，就算完成任务，因为我惹不起他呀！如果吉冈不在宫中时，我会对你更好，你要听话，我绝不骗你，相信我吧。"玉琴擦一下眼泪说："皇上，君无戏言，我想妈妈怎么办？"

溥仪说："我以后想办法，召见你父母进宫来看你，满足你的要求，我说话算数，别哭啦，笑一笑。"结果玉琴被迫签了字，一场风波就此平息。

玉琴被"册封"的前几天，关东军司令部司令官梅津美治郎上将和吉冈安直中将二人来到宫中，表面是来对溥仪表示祝贺，其实质是视察，暗示这段婚姻不准有所变动，是关东军司令部的最后决定。

溥仪在接见梅津和吉冈时，玉琴身穿紫红色金丝绒旗袍，脚穿黑色高跟皮鞋，手戴三枚珍贵的戒指，脖子戴着珍珠项链，浓妆淡抹，落落大方，面带微笑，不卑不亢，跟在溥仪身旁，表现出是个有骨气的姑娘。

梅津是首次看见这位花容月貌的姑娘，他微笑满意。吉冈可能感到吃惊，她真像天上仙女一样的美。

梅津赞许地给玉琴行个军礼，只是微微点头，但是，玉琴不懂这是行军礼方式，因而没有回礼。意外的是梅津没有见怪的表示，只说了一句："腰细，腰细（日语，好、好）。"

这次接见，仅是三言两语很快结束。梅、吉二人告退。玉琴由宫女陪同回到了她的寝室。

溥仪对玉琴在接见时表现出的稳重、沉着、大方颇为满意，拉起她的手，说："你是好样的，见过大世面，我真高兴，真喜欢你。"溥仪突然来了个外国礼仪，玉琴不好意思满脸通红。

　　玉琴从小就是天不怕地不怕，泼辣勇敢，不惧外人，故而接见梅、吉二人时，表现出来超凡气质，是很自然的。

　　"册封"的大喜日子到了，正是天高云淡、风和日丽的季节。皇宫内一片喜气洋洋，人人面带笑容。爱新觉罗家族的人们，以及宫女和佣人们都是身着锦衣，忙忙碌碌，张张罗罗，热热闹闹。

　　玉琴"册封"仪式之前，由二格格韫和亲自给她梳妆打扮。玉琴身穿漂亮的黄金色丝绒旗袍，穿一双红色高跟皮鞋，手戴祖母绿戒指、白金钻戒、红宝石戒指，绿、红、白三个颜色，美观大方。脖子挂着一串闪闪发光的珍珠项链，手腕戴着瑞士手表，耳戴一副坠耳环，浓妆淡抹，真像一朵美丽动人的鲜花。

　　溥仪身着漂亮西服，头发光亮，戴着茶色眼镜，脚穿黑又亮皮鞋，神采奕奕，兴高采烈，早已在缉熙楼礼堂内等待玉琴的到来。"册封"典礼由二格格主持，宫内府的乐队奏起悦耳的婚礼进行曲。玉琴由伴娘搀扶稳步来到礼堂时，参加"册封"仪式的人群爆发出热烈的掌声，溥仪坐在单人大沙发上笑得合不拢嘴，也招手致意。二格格以高兴之态，说了一套吉祥而动人的祝福之词。

　　玉琴面有微笑给溥仪行叩头大礼，又和溥仪互相赠送信物。溥仪搀扶着玉琴，低声温语说："快坐下吧。"玉琴也小声说："皇上，谢谢。"玉琴坐在他身旁，此情此景，玉琴不是高兴而是满肚子气，因为"册封"就是结婚，而身边无亲人在场，想当初三位胞姐在出嫁的喜日，是家中兄弟姊妹以及亲朋好友，把出嫁的姐姐送到婆家的，当花红小轿到了婆家大门口时，婆家立即燃放起鞭炮，锣鼓喧天，小喇叭吹着轻快的乐曲，婆家的人在大门口迎接新亲，又点头又施礼，然后把娘家人请到礼堂内坐在上位，当新郎和新娘一拜天地、二拜高堂、夫妻对拜进入洞房，新郎的父母恭而敬之，赶紧请娘家人坐到首席，盛筵款待，以求娘家人在各方面满意，达到婚礼顺利完成。但是，今天举行婚礼的场面，娘家人一个没被邀请，玉琴心想："怎能这样轻视自己的父母？有朝一日要讨回今天欠的这笔账。"紧接着溥仪晚辈侄媳们给受皇封的"福贵人"行叩头大礼，当时玉琴感到真是太不好意思，因为给自己磕头的人，论年龄都比自己大了十多岁。但这是宫中规定礼节，只能硬着头皮挺下去。这"册封"典礼圆满成功，溥仪喜形于色，所有参加庆贺的人都喜笑颜开。

在外廷群臣朝贺，大摆筵席，开怀畅饮，一醉方休。在内廷更是山珍海味，应有尽有。席间，由爱新觉罗族人女眷们，陪着"福贵人"共同进膳，她们对玉琴说了许多吉祥、让人高兴的话，以示祝贺。

当夜幕降临时，宫殿内灯火辉煌。此情此景，新郎笑逐颜开，挽起新娘，新娘则是羞羞答答，微笑低头不语，新郎和新娘步入新人洞房，感到鲜花香味扑鼻。宫女们早已贴上大红双喜字，摆上各种糖果、水果、香烟，等等。最引人注目的是大枣、栗子、花生各一大盘。按民间风俗，是新娘首先吃大枣和栗子，意味着早生贵子，吃花生盼望生儿生女交替而生。

闲言少叙，言归正传。新房内播放了30年代歌曲《月圆花好》。新郎在这洞房花烛夜、美景良辰之际，兴高采烈地拉起新娘十指尖尖细又长的手，幽默地用京剧道白的声腔，温情地说："小娘子，你我是天作之合，是天上灵霄宝殿内的神仙眷属，长生不老，永远相伴，小娘子高兴吧。"新娘被逗得笑声不止连声说："郎君，我高兴、高兴。"在这良辰美景时刻，一对神仙眷侣甜甜蜜蜜、恩恩爱爱、情话浓浓，一瞬之际，雄鸡报晓，双双交颈安睡，度过难忘的良宵。

但是，玉琴被"册封"后，感到自己本是为念书和能上大学而来，事情发展到面目皆非的局面，是乐、是苦、是忧说不清滋味，这是等于被人养活而安享荣华，太不甘心了。可是怎么办呢？左思右想应当趁自己宝贵的青春年华，一心攻读，有了学问后再干一番事业，不但能自食其力，也能对父母尽到女儿的孝意。玉琴考虑好后，心觉得宽了，也乐观了，好像将来前途有了光明。

溥仪看到玉琴总是有点闷闷不乐，就给玉琴买来最好的衣服、皮鞋，又给她买来德国军用落地式收录机和许多唱片；他怕玉琴想家或是寂寞，又给她买了军用望远镜，可以在假山上往外边看。每餐主、副食也丰富。他对玉琴总是笑脸相迎，讨玉琴的欢心，暗示赔礼道歉。但是，玉琴不哼不哈，更没说谢主隆恩。溥仪只能是对她哄着来，争取她的欢心和高兴。溥仪怕玉琴寂寞，就把爱新觉罗几个女族人找到宫中为她陪读，或听收音机、讲故事、弹琴唱歌、打乒乓球，或到"御花园"去玩赏等。

溥仪又把玉琴领到他的奶妈二嬷室内，互相陪伴。二嬷这位老太太有时谈起祥贵人谭玉龄的事儿，认为她聪明，会说话，有时溥仪生气斥责了她，但她当着溥仪的面认错，背后则流泪，令人同情。玉琴也说："谭玉龄年纪轻轻的就走了，真是令人惋惜，不知道自己将来什么样。"二嬷说："皇上喜欢贵人，你又比祥贵人会来事儿，贵人会越来越好的，我看得清楚。"这样玉琴有了陪读的，还能找二嬷闲聊，也不太寂寞。

在"册封"以后的一天，溥仪高高兴兴地来找玉琴到"御花园"内玩耍。

恰好晴空万里，风和日丽，百花盛开。在这鸟语花香、彩蝶纷飞的乐园，溥仪玩得不够尽兴，他又兴致勃勃地让玉琴唱歌助兴。玉琴正值青春年华，而且爱玩爱唱，她唱起一首 30 年代的歌曲《满园春色》。

1. 满眼繁华，紫姹嫣红，群芳灿烂，
2. 桃红柳绿，燕舞莺踅，屏山绕翠，

1. 春色无边，好一片良辰美景，
2. 玉树笼烟，好一片良辰美景，

1. 好一段欢喜姻缘，柔情、蜜意，
2. 好一段欢喜姻缘，携素手，好花前，

1. 双双对对似神仙，人生结合多奇幻，
2. 卿卿我我永相伴，人生结合多奇幻，

1. 萍水相逢一见情牵，满园春色关不住惜青春，
2. 萍水相逢一见情牵，满园春色关不住惜青春，

1. 莫辜负华年，柔情，蜜意，双双对对似神仙。
2. 莫辜负华年，柔情，蜜意，双双对对似神仙。

在玉琴唱歌时，溥仪眉开眼笑地拉起玉琴的手，跳起华尔兹。玉琴唱到最后一句歌词时，溥仪龙颜大悦，乐得嘴都闭不上说："我俩就像神仙眷侣。"玉琴开玩笑地答道："皇上，神仙是不许结婚的。"溥仪也开玩笑说："天上灵霄宝殿玉皇大帝批准我下界临凡，享受人间幸福。"玉琴说："我俩天天吃的是山珍海味，一呼百应，就是神仙日子。"

他们边说边笑，玉琴在花丛中摘下一朵鲜花交给溥仪，问："皇上，这朵花，好不好，香不香？"

溥仪也高兴地和玉琴合唱了一首30年代歌曲《探情》（原唱者周璇、严华）。

（男）小姑娘呀，小姑娘，什么花儿好哇，什么花儿香。

（女）我爱李花白如霜，桃花红似俏姑娘。

（男）牡丹花富贵像少年郎，比秋海棠。

（女）月红红放红光。

（男）羞答答的像新娘。

（女）你爱什么花儿好，就是什么花儿香。

溥仪说："你的歌声太动人了，都把我迷住了。"

玉琴从小有艺术天赋，在家中又受了我的熏陶，所以她歌声清脆、音甜、咬字、吐字清楚，节奏感强，这是使溥仪最满意之处。

在此，我另表一枝，自然是后话。我的胞妹李玉琨是沈阳鲁艺学院声乐系的高才生，毕业后成为长春歌舞团女高音歌手，一鸣惊人，当年曾经红极一时。

言归正传。此刻此景，溥仪拉着玉琴的手深有感触地说："玉琴，我俩又玩又乐，胜似无忧无愁的天使，今天是我自进入皇宫以来最快乐的日子，只可惜仅仅限于皇宫内的小小天地，太苦恼了。想当年军阀冯玉祥'逼宫'，我和婉容、文绣走出祖祖辈辈居住的'皇城'，在天津定居，那时我像小鸟似的在天空任意飞翔，各处去玩乐，谁也管不了我的自由。那时我还年轻，轻听轻信日本人的甜言蜜语，误入歧途，现在我是有名无实的光杆司令皇帝，我如鸟入牢笼，插翅难飞，悔之晚矣。"

玉琴说："皇上，请莫悲伤，留得青山在、不怕没柴烧。如果龙王爷下

一场大雨，皇上是真龙天子腾云驾雾，五洲四海都是皇上的天地了。"

溥仪苦笑："玉琴，但愿你的话早日实现。"

自此以后，溥仪对玉琴视如珍宝，频频到玉琴的寝室内，让她讲民间故事、唱歌、舞蹈，当时也有录音。溥仪有时也亮亮嗓子，唱京剧"四郎探母"片段，"我好比南来的雁……"可能是比古伤情，因为这句戏词触及他的痛处，所以伤感。

溥仪对玉琴情意绵绵，以海誓山盟的口吻说："今后我俩像鸳鸯似的，相亲相爱永不分离，白头偕老，如果我回北京登基坐殿，封你当皇后。"玉琴答："皇上的美好愿望准能实现。"

因为玉琴在宫中总想家，溥仪和吉冈商量后，吉冈到我家取走了娘家人的照片送到宫中。

当玉琴在看父母兄弟姐妹的相片时，溥仪也看了一下，溥仪说："你大哥相貌好看。"

[编者注]

　　上页图，为李玉琴和本书记述者李凤的父母，这张照片是他们进宫见女儿前，专门拍摄的，时间为1944年春。

玉琴入宫后的次年，春去夏来，有一天烈日当头，人们都热得汗流浃背。玉琴在宫中，虽然手中小扇不停地摇动着，但也解决不了闷热之苦。

夕阳西下，明月高悬，溥仪手拿小扇笑嘻嘻地来到玉琴的寝室内，对玉琴说："玉琴，殿内太热，我俩到同德殿前御花园内乘凉，好吗？"

他俩携手并肩到了御花园。宫女们赶忙拿桌、椅，又摆上各种冷饮、水果、香烟、糖块。溥仪吸着香烟，两人又吃、又喝、又说、又笑的。闷热之感稍有缓解，可是天仍然是一丝儿风没有，人们还是感到闷热。溥仪热得无奈，令人开放人造瀑布，但也难解闷热。

万家灯火时，天仍无凉意。溥仪拉起玉琴的手说："玉琴，上假山顶上乘凉吧。"溥仪到了假山顶时，只累得气喘吁吁的，他坐在凉亭内，又拉起玉琴的手，以防她掉下山去。

玉琴说："皇上，这晚风徐徐吹进我的胸怀，叫我全身凉爽，真是太好了，谢主隆恩。"溥仪说："这凉风比吃冰激凌好多了，全身感到舒服，一身轻松，我俩在山顶上多待一会儿吧。"

溥仪又说："玉琴，我俩如果能天天这样在一起玩乐有多幸福呀，只可惜吉冈总对我施加压力，天天忧心烦恼。"玉琴说："皇上，请放宽心，车到山前必有路，皇上不要忧虑，要保重龙体。"

溥仪听了玉琴对他的安慰和解劝，一笑了之。溥仪和玉琴有说有笑恩恩爱爱地玩得尽兴，又回到同德殿前坐在椅子上喝冷饮闲谈，宫女小心地伺候着。

溥仪说："玉琴，现在殿内仍然闷热，我俩在这里多停留一会儿吧，尽兴地玩乐，你唱歌解解闷好吗？"玉琴便唱起了30年代的学生歌曲《月明之夜》：

1. 云儿飘星儿摇摇，海早息了风潮。
2. 鼾儿起梦儿超超，人们含着微笑。

1. 声儿静夜儿悄悄，爱奏乐的虫。
2. 嘴儿开心儿跳跳，疼爱你的人。

1. 爱唱歌的鸟，爱说话的人。
2. 佩服你的人，帮助你的人。

1. 都一齐睡着了，待我细细地观瞧。
2. 都一齐入梦了，大家好好地睡觉。

1. 趁此夜深人静时，撒下些快乐的材料。
2. 不要等到梦醒时，失掉了甜蜜的微笑。

　　溥仪听了拍手叫好说："玉琴，这学生歌我第一次听到的，不但歌词好，你唱得也好，这也是美的享受。"溥仪又说，"我俩活动一下，一块儿跳舞吧。"

　　玉琴仍然唱 30 年代的学生歌曲《葡萄仙子》，歌词是：

1. 高高的云儿罩着，淡淡的花儿耀着。
2. 我先把芽儿排起，我再把叶儿发起。

1. 短短的篱儿抱着，弯弯的道儿绕着。
2. 还要把话儿开起，更要把果儿挂起。

1. 多好啊，这里真真好，好，静悄悄地。
2. 我结果结得十分多，多，到那时候。

1. 谁料是春天到了。
2. 无论谁都要爱我。

　　[**编者注**] 采访手记：

　　老人家对音乐和词曲由衷热爱，应该将其所能呈现的清晰记忆完整收录。

　　玉琴当年在小学念书时，就学会了这首歌的舞蹈，那晚她边唱边舞，动作也优美，引起溥仪的兴趣，也跟着玉琴一块儿跳了起来。只见溥仪东一拳西一脚，只弄得手忙脚乱的，又跟不上节奏。他俩跳完后，溥仪哈哈大笑不止，宫女们在一旁也都偷偷地笑。

　　玉琴入宫三年以来，溥仪为什么对她关心宠爱？首先，淑妃文绣在天津已冲破封建家庭的枷锁和溥仪离婚。其次，皇后婉容（*左图*）在康德五年被溥仪打入了"冷宫"，因为她失宠，面对孤灯，冷冷清清，孤雁哀鸣，因而精神苦闷，逐渐体弱多病。最后，祥贵人谭玉龄入宫仅三年便病故。

　　溥仪和福贵人李玉琴的结合是由关东军梅津美治郎司令官和吉冈安直中将参谋所决定，为此溥仪对玉琴在表面上好，他深恐一旦失去玉琴，关东军会让他娶日本姑娘为妻，这是个隐患。这就是世界没有无缘无故的爱，此言千真万确。

十一、啼笑皆非

玉琴被骗入宫后，一下子弄得满城风雨，沸沸扬扬，家喻户晓，众说纷纭，使我大伤脑筋。

此刻有人当我面说："你妹妹当上皇娘了，全家时来运转一步登天了。"又有人问我："康德准能给你家一座大楼住，要是用不了借给我一间行吗？"也有人说："你当上国舅了，我能借光吗？"又有人说："康德准能叫你当上大官。"真让我啼笑皆非，玉琴被关东军强行拉入宫，是满足统治者的需求，历来不为平民百姓施仁爱。这是平地风波，这些说三道四的人，真是一孔之见。其实，"康德皇帝"高高在上，而我是平民，如果扯着龙尾巴上天，当上汉奸走狗则是恶名远扬，遗臭万年。要是人家再来个金龙摆尾，一下子从天上掉到地上，后果难以想象，还是走老百姓的道路好。事实证明，我思考的非常正确。

玉琴被小林带走后，全家人都很悲痛，这种亲骨肉分离的滋味太难受了！不知玉琴是受什么样的罪，担心害怕，吃不好睡不好，父母常常哭泣，我心中更是不安。

玉琴走后一个多月，一辆小轿车把我的爸爸和妈妈带进宫内，父母才见到了女儿。

两位老人当天回到家后简单讲述了玉琴在宫中的情况，我一颗紧张不安的心稍有放下。但是，玉琴在宫中今后是否受气挨骂？仍然挂在我的心中，只有请老天爷保佑吧，平安无事，早日回家，全家再团聚一堂。

[编者注] 1944 年

福贵人李玉琴在宫中过的第一年，尽管还仅仅是一个 17 岁的少女，但她所渐渐熟悉的"皇上"，应该就是溥仪自传里写的那个样子："我不能过问政事，不能随便外出走走，不能找个'大臣'谈谈……我的日常生活，除了吃睡之外，用这八个字就可以概括了，即：打骂、算卦、吃药、害怕。"（见溥仪《我的前半生》第 369 页）

十二、报考伪警长

玉琴入宫以后，我仍在印刷所内上班，当文选工，这工作是依照编辑的稿件找出铅字，然后排版印刷，有人说："你是国舅，为什么还干挣这点儿钱的活儿？"我笑而不答。

但是，我已到了当"国兵"的年龄了，如果当上"国兵"，以后要上前线去打仗，要给侵华日军卖命，打仗又有极大的生命危险。为此，父母和我天天发愁又担忧，怎么样也要躲过当"国兵"这一关。可是没钱托人，官场又不认识谁，真是愁人。

李凤20岁的留影

忽然爸爸说："藤井老师是日本人，又是玉琴的老师，去找她帮帮忙，碰一下吧。"只能碰碰运气，愿神佛保佑成功。

我到了藤井老师家中，说明来意后，她沉默了一会儿说："让我试试看，也许能成功。"

第二次，我又去藤井家中听信儿，藤井说："现在新京（长春）地方警察学校招考警长，你报考吧。"我一听很不中意，因为伪满警察名声太臭，又是日本统治者的爪牙，左右为难。藤井老师见我无话可答，她不知我想的是什么，很是热情："你去报考吧，我看差不多，当上警长就不用当'国兵'了。"

回家后父亲听我介绍藤井的意见时，爸爸说："要是真行的话，躲过当'国兵'一关再说,她也可能有办法,你去报考试试看。"参加报考伪警长的约500人,第一项考试是集中长跑,由地方警校至东站派出所,往返跑。结果甩掉一半人。第二项考试是口试,第三项是各科笔试,我都马马虎虎地过关了。

在发榜时,竟然榜上有名。我回家告知父母后,当天晚上又去藤井家中,告知已考上"警长"的消息。藤井说:"你考上警长是吉冈与溥仪双方研究的,同意你去当警长,是吉冈出面给你办理的,吉冈权力大大的有,你高兴吧。"

溥仪为什么同意?主要因为玉琴当上了"皇妃"。我爸爸在饭馆跑堂,这个工种在旧社会叫"下九流",对他的脸面难堪,因而同意。

吉冈另有想法,我和弟弟是工人,统治中国人的日本侵略者和工人之间水火不相容,如果我当上"警长",就和日本统治者是一个立场,能为日本统治者效力,吉冈顺水推舟而同意,把我拉下水,真是阴险毒辣,处处为日本的统治着想。

伪满地方警校的位置,是在长通路清真寺附近。

1944年初伪满地方警校开学,共有四个班,一、二、三班是中国学生,第四班是朝鲜学生。我被分配到一班,班主任是警尉孙宪臣,他为人好,从不打骂中国学生。新中国成立后我在七马路五金公司营业室内与孙宪臣巧遇,他是职员,他在伪满地方警校时,多方面照顾了我,我俩如挚友相见又谈了心,互相都表示要好好干工作,为新中国的建设而努力去奋斗。

伪满地方警校的学生每天的主食是粗粮,副食是大咸菜,每周吃一次肉。

每天朝会是在大操场上全校站队,首先由一名学生带领背念"警察纲领",然后由校主事(日本人)训话,最后散会。

学生每天午前在课堂学文科,包括政治、日语、保安、经济、特务、实务。政治课由伪满地方警校主事担任,这是一奴化教育课,讲"天照大神,维神之道,八纮一宇",又讲"日满亲善,一德一心",又讲《尼布楚条约》是不平等条约等,进行奴化思想灌输。总之,就是"日本好,无可选择"。中国的学生都是国民高等学校毕业生，都明白这些讲话是不实之词，只能一听了之。伪满地方警察学校主事是日本警正官。

每天午后是学生术科。首先在大操场上训练走步、立正，左右转操练，以及警刀、警绳、手枪、大枪、柔道等科目。

因为我没受过军训，曾闹出一个大笑话。在康教官（警长）下达口令"立正"后，我仍在东张西望。康教官严肃地说："当口令下达后，不许东张西望，必须站得像电线杆一样结实，一脚踢不倒。"我有点不明白："报告，我不敢那样立正，真要踢我一脚时，那也太疼了。"此言一出，把在场的同学们逗得哈哈大笑。

以后我逐渐明白了军训科目制度。看来中国教官在某些方面对中国学生是关照的，如果换了日本教官绝不留情，当时就得打两个大耳光，还骂八嘎（日本语：混蛋）。

伪满新京地方警察学校旧影

十三、抗日斗士

伪满地方警校的王教官是警尉补，因为他长相好，学生们背后叫他"王大美人"。他在课堂上讲"警察实务"一科。有一次，王教官在课堂上公然讲了这样一件事，有两位中国工人（是共产党还是国民党他没说），在被捕后无论怎样严刑拷打，就是不说话。日警特务们实在逼不出来口供，就让两位工人在刑堂见了一面，以便从中观察言行。其中一位工人在和另一位工人见面时只说了一句话："那个纸条我已经吃了。"以后任凭怎样严刑再不开口，视死如归。

一天晚饭后，二班的王同学贴我耳边偷偷地说："关东军一个大油库被炸了，首都警察厅的警察总监齐知政和副总监（日本人）二人亲自到关东军司令部请罪。"听了以后，我认为这个炸大油库的事儿，肯定是中国工人舍生忘死，冒着极大危险和敌占区侵略者进行的一场你死我活的斗争。

又是一天晚饭后，一位同学（名字已忘记）在二班宿舍内公然说："在东边道有八路军频频活动，日军经常受袭击挨打，伤亡惨重。"

早在伪满康德七年，听老百姓传说："兴安北省的省长被枪决了，康德皇帝被迫御批。"

伪兴安省长凌升（左图）因为"反满抗日"被关东军砍头。凌升是清蒙古都统福贵之子，是四格格爱新觉罗·韫娴的未婚夫，也是溥仪的四妹夫。日本关东军的此举是敲山震虎，反倒是激起了中国人的反日决心。

[编者注] 关于凌升之死，溥仪曾专门有过记录："……事件发生时他是伪满兴安省省长，1936春天，他突然遭到了关东军的拘捕。拘捕的原因，据关东军派来的吉冈安直说，他有反满抗日活动，但是据佟济煦听来的消息，却是他在最近一次省长联席会上发过牢骚，以致激恼了日本人。"（溥仪《我的前半生》第346页）

而我第一次看见上面凌升这张照片，是在一本名为《伪满洲国的"照片内参"》（山东画报出版社）的书中，照片中凌升的面目表情令人难忘——费解、惊异、圆滑、倔强。我曾写过一篇人文地理文章，题为"一位伪满高官的意外死亡"，已收录进我的第一本书《一个人的长春地理》中。

事实上的确如此，日本军国主义者发动了九一八事变，东三省沦陷，不少爱国志士流亡关内甚至国外，更有大批依然生活在这里的人们，在各个领域各个行业各个阶层，时刻都没有忘记自己是一个中国人，本能地或者有意识地在这里和侵略者进行殊死搏斗，涌现了许多可歌可泣的事迹，后来我看过的一些历史资料里，有专门介绍这些抗日英雄的文章，让我永远尊敬和深深爱戴。

十四、良心未泯

1944 年下半年，伪满地方警校的全体学生都被分派到市内各警察署的派出所"实地见习"。我被分配到二道河子和顺警察署（26 页示意图位置 6）和顺公园（26 页示意图位置 5）警察派出所"见习"，是户籍员，每月工资 18 元钱。和顺派出所的管界，北起吉林大马路，南至岭东路（26 页示意图位置 14），西起一面街，东至东盛路。此管区商业较多一点。

伪满时期在警界中，警正官最大，其次是警佐，警尉以上为警官，是警界中的干部，以下是警尉补、警长、警士。

和顺警察派出所，所长是警尉补，我是警长级别，是户籍员的职务。各伪警工作 24 小时再休息 24 小时。

伪满时期伪警名声太臭，老百姓见到伪警当面客气，背后则骂他们是日本统治者的爪牙。

我虽然是身穿警服，老百姓背后叫"唬人皮"，可是我没忘记我是中国人，有中国人的良心。

我在日常工作中，总是三心二意，应付了事。如果日本外勤监督来到派出所内查勤时，我就说："报告长官，没有发现异状。"然后站在派出所大门口，装出威武的样子，东看西瞧拿出认真负责的架式来。心中暗想我是为了躲当"国兵"来的，不是帮你们干坏事的。

有一天，日本外勤监督来查勤，我表面装恭敬客气，心中不服，以立正姿势大声地说："报告长官，无异状（意思是没发现任何情况）。"意外的是，日本监督怒气冲冲，一拍桌子大喊大叫道："八嘎（是日语混蛋的意思）！什么无……异……状，你的良心大大的坏啦坏啦的有。"紧接着狠狠左右打了我两个大耳光。当时我感到如果反抗要吃大亏，只得以立正姿势大声说："哈意

（日语，"是的"意思）。"监督怒气冲冲骑着自行车向北而走，我估计他去了荣光派出所查勤。

我挨打后，满肚子不服，你叫我往东我偏往西，明争不过就暗斗，你们能把我如何？一言到底，我身在祖国绝不能胳膊肘往外使劲儿，什么时候都不能忘记我是中国人，绝不背叛祖国。

外勤监督一天两次来查勤，而且日警人少，无法对伪警们时刻进行监视。日警不在场时，老百姓有些走私买卖，我也不闻不问不管，装作看不见，同情老百姓的困苦。如果老百姓有事儿，我就大事化小，小事化了。总之，我绝不甘心当侵略者的帮凶，更不甘心当走狗爪牙，更不助纣为虐。

我当伪警时，在工作上是掩掩盖盖，虚虚假假，绝无其实。想不到在多年以后，却对我起到了"反馈"平安回报。

有一天，我坐在值班室内正在值班中，隔着玻璃看见一个年龄约 60 岁的老人，在冰雪地上滑倒了，他也许有病，费了很大劲儿也没有站起来。当时我想人都有老的时候，如果我老了，也可能体质衰弱，需要别人帮忙。今天我装看不见，于心有愧呀！我赶紧跑了过去，把那位老人扶了起来，又把他送到没有冰雪的好走的地方，那位老人说："我有病，腿脚太笨，谢谢警长。"我说："老大爷，这点小事我们年轻人应当帮助。"

我这个人历来心善，如果看见一个强者欺负弱者，心中气就大了，总是打抱不平，虽然谈不上除暴安良，可是也要替弱者出口气的。

有一天我休班，午后约 3 点钟，我去给妈妈买水果吃。我走到吉林大马路和顺三条交会处，看见警察署警佐正在打骂一个马车夫。我心中有气，这是仗势欺人。我闯入围观的人群中，竟有人认识我而且大喊一声："国舅爷来了，大家给让个路吧。"

我也没客气："报告，马车夫为什么惹长官生气了？"马车夫竟抢先说话："警长，我的马已经饿得跑不动了，我要回家喂马，要是再拉座这马就要累死了，警佐原谅吧。"伪满时马车地号在岭东路（26 页示意图位置 14），经过我三言五语地一说，给他下个台阶，警佐也就顺水推舟扬长而去了。

伪警在派出所当班 24 小时内，在白天和半夜规定钟点，按照指定路线巡逻两次。在巡逻行程中，挂在木电柱上有个小木箱，内有巡逻表，必须加盖本人印章，否则被外勤监督发现表格上面没盖印章，就视为漏勤，要受处分。

一天午夜，我执行巡逻任务，正是千里冰封，万里雪飘，寒气袭人之际。官身不由己，我不情愿地去了。夜色漆黑，万籁俱寂，而且伪满时期各住宅区内路灯很少，仅凭熟悉地形前进。

我走到东盛路（见 26 页示意图位置）与安乐路口（见 26 页示意图位置）交叉点时，忽然看见由东盛路南边跑来一辆马车，车上坐着三个人，我叫住了马车，上前询问："站住，车上是什么？"

由车上下来一个人，头戴狗皮大帽子，又戴着狗皮大套袖，看他是农民打扮。他点头哈腰："警长，车上是 2000 斤大米。""半夜送到哪里？""是送到已经联系好的饭馆。"那个农民立即拿出 200 元钱，"警长，这点小意思收下吧。"因为我早已下定决心，不抓中国人"经济犯"，更不勒索老百姓，绝不干亲者痛仇者快的缺德事儿。我对农民说："老乡，你们辛辛苦苦挣钱太不容易，你我都是中国人，你的钱我要是收下就是干了坏事，把钱收回赶紧把大米拉走，吉林大马路北侧，就是和顺警察署（26 页示意图位置 6），如果被日警发现了，不但大米没收，还要问罪罚钱坐牢。"那个农民只乐得满脸笑容，又弯腰又行礼："多谢警长，你是一个好人，准能一生平安。"农民赶大车跑了后，我想，若是收下那 200 元钱，要挨骂一辈子的，今天我干了件好事，心中安然，天塌下来也不害怕。

另有一次，已是万家灯火，我巡逻走到安乐路（见 26 页示意图位置）和一面街路交叉处（见 26 页示意图位置），因为天寒地冻，路上不见行人踪影。忽然小胡同内有一个人推着手推车，车上有两个大草袋子，经我检查后发现是元钉，估计有 200 公斤。我吓唬那人一下，要抓他"经济犯"。只把那个人吓得赶紧给我 100 元钱，求我把他放了。我开玩笑说："这钱是假的我不要，下次要给真钱。"那个人也笑了，就上前说："谢谢警长。"然后他推着车跑了。

又是一个午夜，我执行巡逻任务，北风阵阵刺脸，皮帽子两侧挂着白花花的霜，又冻手又冻脚，一弯残月冷冷地挂在柳树梢头，路边老柳树垂头不语，几点寒星闪闪烁烁，好像示意："做善事，有善报。"

夜深沉静悄悄，偶尔从远方传来几声狗叫。这时在一面街（见 26 页示意图位置）北面有一个人推着手推车行走，车上有个柳条大筐用一条大麻袋盖着。我心中奇怪为什么冷风袭人，他在半夜还干活呢？就上前问："站住，筐内装

上图为历史图片。日军在东北建设"王道乐土"，东北同胞却流离失所，沿街乞讨。

的什么？"这个人约40岁，看他有点害怕："警长，筐内是牛肉，您就行个好吧！千万别抓我呀，我家有老妈妈，老婆又有病，两个孩子又小，把我放了吧。""牛肉往哪里送？"那个人用手一指："马路东南角杨家饭馆（回族饭馆）。"（26页示意图位置9）我用命令的口气说："赶紧把牛肉送去，如果被日警看见要抓你'经济犯'。"那个人千恩万谢把牛肉筐推走，我也赶紧离开这个现场，神不知鬼不觉地回到派出所内高兴地去睡大觉了。次日，因为我不当班，到杨家饭馆给妈妈买牛肉包子，杨经理一见我面就说："李警长，昨夜我由门缝看见你把给我送牛肉的人放了，你没抓他'经济犯'，心眼儿真好。"我说："杨经理，我虽然是个臭警长，可是我也受日本人的气，给你送牛肉的人是穷苦人，我绝干不出中国人整中国人的缺德事儿。"杨经理说："你干得对，叫我心服口服。"我说："杨经理，如果我不关爱老百姓，我就成了罪人。"

　　像以上这样的事情我确实干了一些，这不是我思想进步，主要是因为我是劳动人民的子弟，又是工人出身，对劳动人民有深厚感情，我绝不想干出中国人自相残害的坏事，对中国人只能千方百计关心照顾。这就是魔高一尺，道高一丈，你有千条妙计，我有一定之规。我仅仅做了一点点不忘本的事情，完全是应该的。

十五、日警之死

1944 年的严寒冬天，发生了一件惊心动魄的事情。

当时，我爸爸正在南关田家饭馆内跑堂，听到一些人议论："在全安广场西南马路边，有一个日警被勒死在电线杆上。"

事件真相是，有几个农民拉了一大马车自磨白面，白天进城怕被抓"经济犯"，趁夜深无人时把白面拉进市内，想送到已经联系妥的饭馆去，这车白面运到全安广场时，真是冤家路窄、狭路相逢，竟被日警发现而要抓"经济犯"，要把白面拉到警察署内，全部没收再处罪，直逼得农民跪地求饶。在万般无奈的情况下，农民只好拼死搏斗，把日警勒死在电线杆上，然后赶着拉面大车跑得无影无踪了。

事件惊动了警察厅，一下子乱了阵营。许多日警、刑警、伪警都来到了出事现场，又把全安广场附近中国人经营的饭店经理全部抓走，一一盘查，严刑审问。但是，最后还是未能破案，只好不了了之。

日本当局主管部门为了体恤"殉职"的日警，并借机教育警察效忠皇室，在当天的重庆路香格里拉大饭店左侧的一个日本大影院里，特别召开了一场日满警全体人员参加的追悼大会。虽然我不当班，也被派去参加追悼会，我不情愿奉命而去。

在追悼大会上，我仅是一听了之，谁也改变不了我的中国心。

　　这是一张伪满"新京"的街市图景，云里雾里看不清，像每个历史中人看不清自己的当代一样。

十六、如此"皇亲"

自从玉琴入宫后，我当上小小伪警长，爸爸仍在南关田家饭馆内跑堂，弟弟当木匠，家里照样用发给的"通账"去买主食及副食，不够用就不得不高价私买，钱不够花，只好勒紧裤腰带节衣缩食。人称"皇亲"之家，实际上在政治、经济、生活方面和老百姓毫无两样，别人当面叫我家"皇亲""国舅"，认为我家是贵族，但是，我家是"城门楼上挂灯笼，外面亮里面空"。一句话，仍然过着老百姓的穷苦日子。

举两个实例。1944 年冬天，我的张表嫂因为丈夫吸毒，家里经济破产没有饱饭吃。张表哥被冻死街头（在那时因注射"吗啡"冬天被冻死街上的人很多），表嫂带着幼儿来到我家求援，她指望到了"皇亲"家中能得到一线生机，可是别人哪能知道我们的难言之苦呢？表嫂没有生活出路，我千难万难也要想办法帮助。我在临河四条街一个小织布厂内，给表嫂买了三丈更生棉布（再生布），叫她做棉衣服穿，又资助了她 200 元钱。我感到太不够意思，但是表嫂很满意，在我家住了几天，就带着幼儿下乡求生去了。（注：2013 年得到的消息，张表嫂于 1944 年下乡到前郭，再嫁生子。她早已不在人世。）

再说一件鲜为人知的事儿。1944 年，我妈妈也是用更生布给我做了棉裤和棉袄，外面再套上警服，谁也不知道里面是最低档的布面，也不便向外人说，怕别人笑话，只好打肿脸充胖子。人称"皇亲"之家竟如此寒酸！别人哪知道，真是家家都有难唱的曲啊！

自 1943 年玉琴入宫起，直到今天有人还问我："康德皇帝给你家多少金条？给什么珍珠？给什么珍品？"在过去的几十年里，我统一回答：一件没有……

[编者注] 采访手记：

随着一次次采访的深入，终于渐渐打开了老人对于这段历史真相的话匣子。

1944 年冬天，经人介绍，遵父母之命，我和李玉梅结婚，我 21 岁她 19 岁。娘家陪嫁她两个金戒指和全套家具、全套被褥。婚后生活水平一般，她从不说三道四，和我一直同甘共苦。

关于这期间，有一件所谓真相是什么呢？"康德御赐"！确有其事，应该在今天说出来。但也并不是像外界想的那样，有多少，有很多吗？

1944 年的初秋，关东军司令部吉冈安直中将参谋兼"帝室御用挂"、高级秘书官，又来到我家，我给他倒了一杯白开水："请将军喝水，我妈没在家，如果有事，向我说可以吗？"

吉冈拿出玉琴在同德殿各处照的相片，其中有在同德殿前骑自行车，在假山前，在西御花园，在她的小客厅，在她的卧室内，等等。吉冈拿出一张相片："你看她现在多么享福，你高兴吗？"但我只能说："谢谢将军的夸奖，她很享福。"吉冈又随便问了一句："你的媳妇怎么也不在家？"我只能实话实说："不劳将军操心，我尚没结婚，预计在今年冬季结婚，非常欢迎将军赏脸光临来喝喜酒。"但吉冈笑而不答。

事过一个多月，吉冈又登门而来，给我一套衣料，我一看是高级将校呢。我不知道这是咋回事儿，望着吉冈我说不出话来。

吉冈告诉我："这衣料是皇帝陛下赐给的。"然后他又给我玉琴写的信。

大哥，我喜闻今冬将喜结良缘，添人进口，咱家又有了新生力是件好事，我也高兴。

皇上因你快结婚了，赐给你一套最好的衣料，在你结婚大喜之日，做成衣服穿在身上，宾客们争先恐后观看，给你带来光荣，也能给你带来更大的高兴，愿大哥生活如意。

妹妹　李玉琴

1944 年 10 月 × 日

来而不往非礼也，何况溥仪也要看：

玉琴妹妹，我非常高兴和激动，收到皇上恩赐的上等衣料，诚惶诚恐，如获至宝，敬祝皇上万岁万万岁！也承蒙吉冈将军不辞辛苦，为我送来衣料，我也感谢。

咱的慈母已辛辛苦苦一辈子，你未来的大嫂将干好家务，慈母她老人家完全应当好好休息休息，咱家一切都好，望你安心勿念。

大哥　李凤

1944 年 11 月 × 日

当天晚上，我的父母看了这衣料，只说："这衣料很好。"

但我对父母说："康德是冲着玉琴的面不得已而为之，但我已做了一套颜色好看的西服，结婚时穿在身上时心中一点也不别扭，如果穿康德给的衣料，众多的宾客，红男绿女们问这问那，都有怀疑之态问个底朝上：'康德给你家多少珠宝玉器？有没有字画？金元宝有多大？古董啥样？叫我们也看一下行吗？'如果说啥也没给，这些宾客们一点儿也不相信。"

我的父母与众兄弟姐妹，一直认为我的预见是很正确的。

只可惜玉琴的相片，在 1948 年，我的爹爹一个人病死在家时，同院住的有粮吃的地主，把我家中的一切物品包括玉琴的相片在内，都给偷去了。

　　说到这里，前面讲述的一些因为"皇亲"而在生活中凭空多出来的尴尬，和尽量避免误会、误解所以一直不能说的一些细节，都在这本书里记录下来。而我依然只是我，一个再普通不过的老百姓，我也有我的个人兴趣爱好。比如，我自 1940 年起，就与音乐结下不解之缘。

　　早在伪满时期，长春有个"新京电影院"，公演长达 17 集的无声电影《火烧红莲寺》，开演后播放九十分钟广东音乐，我越听越觉得好听，产生了极大的兴趣，在思想上扎下了喜爱音乐的根。我结识了"新声音乐会"的广东音乐乐手李树森、郑国瑞、沈瑞令、贾益成、何士宾、毕明。这几位乐友耐心教我演奏技巧。

　　1944 年冬，我和几位酷爱广东音乐的乐友们去演奏广东音乐，但在那个年代电台没有录音设备，是现场直播。

　　演奏若要精益求精，在家必须千练百练，达到台上一分钟台下十年功的要求，演奏各曲才能达到广东音乐传统的风味。

　　我们在电台演奏时，李树森拉高胡，沈瑞令打扬琴，贾益成弹秦琴，何士宾拉椰胡，我弹夏威夷吉他，林长青击木鱼。乐曲是《平湖秋月》《雨打芭蕉》《孔雀开屏》《寒江落雁》《杨翠喜》。

　　由于各乐友们在演奏中配合默契，演奏得很成功，当时受到新京放送局电台负责人当面好评。

　　我们几位乐友虽然感到初步有了成绩，可是距炉火纯青的目标相差尚远，我们在演奏时都欲达到广东人吕文成、何大傻、尹自重老前辈们的演奏水平，否则太不甘心，只可惜的是这几位乐友 80 年代末先后都离开了人世，如今留下孤单单的一个我，真叫人怀念不止。

　　当时长春有熏风音乐会、中协音乐会、白鸥音乐会，沈阳有古风音乐会，大连有南风音乐会，哈尔滨有北风音乐会。这些音乐会演奏技巧很高，经常在电台放送，因为当时没有录音设备，都是现场直播。伪满时期在东北地区，形成了广东音乐热。广东音乐早已受到国内及国外听众的欢迎。

　　[编者注] 采访手记：

　　老人家讲他的广东音乐，几乎贯穿了整个采访的始终，一开始我担心跑题，后来一瞬间我释然了——在他摆正乐器，安静地弹奏出第一个音符起，仿佛瞬间懂得了这个老人生命所承载的记忆，每时每刻都在随着这些旋律和乐点，跳跃着，鲜活着。

勒令迁都

　　"满洲国"的日子，一辈子回想起来，那么长，又仿佛眨眼间，它就没了。1945 年 8 月 8 日，苏联向日本宣战，苏军向东北境内的关东军全面进攻。8 月 9 日，日本关东军司令部山田乙三大将和吉冈安直中将参谋，先后急急忙忙来

1945 年 8 月 9 日，苏军向东北境内挺进

到伪满皇宫内见"康德皇帝"溥仪："政府和帝宫根据苏联的进攻，必须在 8月 11 日迁去通化，那里已经建成坚不可摧的工事了，能确保陛下的安全。"

溥仪听到迁都的命令，一下子六神无主，坐卧不安，往日皇上的威风一扫而光。他问玉琴："怎么办哪？"玉琴此时只能安慰溥仪说："请皇上安心，

伪满皇宫正门

老长春东站

民国时所建

到了通化，有人保驾，有吃有喝，吉人自有天相，一旦事情平息时，皇上回到皇宫，仍然过着太平无事的幸福生活。"溥仪苦笑不语。

溥仪下令"皇宫"所有侍卫官们，立即把宫中贵重物品装箱，送到长春东站的列车内。此时宫中所有人都如大敌来临，惊恐不安，不知下一步将有什么不幸的事情要发生，但为官身不由己，都很紧张地根据"皇上"的命令进行工作。宫中所有的字画、古董装了 50 个木箱，全部运往了通化大栗子沟。后来据闻，这批文物全部遗失了，其中有苏东坡的山水画，再也找不到这样的画，真让人痛心。李玉琴曾对我说过，到大栗子沟以后，有关这些文物，她曾向原通化军队司令官何长工同志询问，但他也不知道。在新中国成立后，何长工是地质部副部长。

逃难列车

8 月 11 日夜，溥仪在即将离开已居住了 14 年的"皇宫"时，真是难舍难离，他看这，又看那，又拉起玉琴温暖的手："我俩还能再回来吗？"玉琴说："皇上是真龙天子，这个大'满洲国'非皇上不可，以后一定有人用八抬大轿把皇上恭而敬之请回到这个皇宫内。"溥仪说："但愿你的话成真，我在那时，一定封你'贵妃'。"玉琴说："谢主隆恩。"

溥仪和玉琴是最后坐汽车离开"皇宫"的，溥仪又向玉琴说了一句心里话："我觉得被关东军所逼离开'皇宫'，心里有些难过。"玉琴说："皇上，关东军是因为时局情况紧张，不得已而为之，如果关东军打败苏军时，他们会说陛下请再回您的宝座。"

溥仪和玉琴坐的轿车恰恰在午夜之时抵达车站，只见吉冈正在列车前等待，他好似焦虑不安之态，摆手："陛下亲临是我的荣幸。"然后行军礼。

后来玉琴告诉我："在列车车厢内的逃难者有御弟溥杰，他是伪满陆军中校官，与其妻嵯峨浩。爱新觉罗·韫和（二格格）与其夫郑广元，他是伪满外交部文官，也是伪满第一任"国务院总理大臣"郑孝胥之孙。三格格韫颖及

其夫郭布罗·润麒，他是伪满陆军中校官。四格格韫娴及其夫赵国圻，他是伪满陆军中校官。五格格韫馨及其夫万嘉熙，他是伪满陆军中校官。"

此外尚有溥俭及其妻叶迺勤，溥侠及其妻叶希贤，溥仪的侄辈者有毓嶦及其妻杨景竹及两个儿子与其母，毓喦及其妻马静兰和两个儿子，尚有毓嶦、毓崇、毓岷、毓崋。

宫中的随侍有严桐江、李国雄，保镖两人是霍福泰、霍青云，御医是林永泉、黄子正，溥仪的乳母二嬷。尚有几个太监、几个宫女（敬喜）。

日本官员有吉冈安直、武部六藏，祭祀府总裁桥木虎之，宫内次长鹿儿岛，玉琴的老师藤井，张景惠及各部大臣。

逃难的列车内，乱乱哄哄，孩子哭老婆叫，一会儿撒尿，一会儿大便，一会儿喝水，一会儿饿了，只弄得各位妈妈忙个不停，但别人也都帮忙，并没有袖手旁观，同情之心人皆有之。

皇后婉容，太监伺候吸鸦片，闭着眼睛，一言不发。

溥仪在车厢内有个专用小餐厅，他只问下一步是什么情况，以外什么事都不问不管。

其他人饿了时，都吃自带的香肠及点心。

逃难的列车次日晨到吉林，然后又经梅河口长时间停留，解决火车上水上煤等事儿，又经过通化和临江，终于到达了大栗子沟。

"这些逃难者都住在一栋楼内，这栋楼房是日本人经营铁矿株式会社经理的住宅，但已人走楼空，就作为皇帝的临时'行宫'，当时溥仪婉容我们三人都有各自的房间，逃难者没有御膳房，因而吃大锅饭，虽然这样，可是从宫中拿来的各样山珍海味，老百姓是望尘莫及，逃难者都得到满足。

"8月15日，吉冈安直代表日本关东军司令部，正式通知'康德皇帝'溥仪：'日本天皇已宣布无条件投降了。'"

"当溥仪听到日本向全世界投降的消息时，我在自己的房间内偷偷看见溥仪跪在地上，而且面向东京连连叩头，又打自己嘴巴，又哭又流泪。但是我在屋子内，溥仪说的什么一点儿也听不见。我感到，日本已经投降，而且已失去统治东北人的权力，为什么仍然对日本人奴颜献媚，卑躬屈膝，一点儿男子汉的骨气都没有，太丢人了。此时，我因为溥仪对日本讨好，真是太生气了，对死老虎还是怕得要命，实为罕见。"

关东军已写好《退位诏书》，由吉冈交给溥仪，在一个阴沉沉的晚上，是在大食堂内，由吉冈主持康德皇帝退位的仪式。出席人员：伪满政要多人，日本一些重要官员，尚有溥仪平辈人及晚辈人。御弟溥杰等都垂头丧气。这个仪式显得死气沉沉的，此时此景，溥仪手持着退位诏书，双手哆哆嗦嗦，泪流满面，宣读了《退位诏书》后号啕痛哭，在场的日本官兵们哭得更甚。

历时14年，"满洲国"落下帷幕，寿终正寝。

苏日战争

1945 年 8 月 8 日，苏联向日本宣战，苏军在黑龙江全线向日军展开进攻。日军在黑龙江长约 500 公里的边境线早已建成山洞内的许多坚固工事，关东军虽然顽强抵抗，但在苏军的猛烈进攻下，全线败退。日军在东北全境举手投降，再无军队的威风了。

据老百姓传说："日本人修建山洞工事时，是抓来的中国人，日本人强行命令干活，当工事全部完成后，日军把成千上万的中国人全部处死，确保山洞工事的秘密。"

下部

一、祖国光复

日本在侵华战场、太平洋战场战败，1945 年 8 月 15 日，日本天皇裕仁向世界宣布无条件投降，伪满洲国随之垮台。"康德皇帝"溥仪在通化自读《退位诏书》，日本欲占领中国，溥仪欲复辟清朝，都以失败而告终。

祖国"光复"了，中国人再也不是亡国奴了。

翻开尘封历史，使我怒发冲冠。鸦片战争、甲午战争、八国联军进京、九一八事变、七七事变……中国人一再受欺负，一再挨打，作为平民百姓的我们极为悲愤，极为痛苦。

但是，中国人经过十几年艰苦卓绝的抗日战争，终于胜利了，这就是野火烧不尽，春风吹又生。

中国万岁，万岁，万万岁！

"光复"以后，我心中特别舒畅，高高兴兴，我看见中国老百姓，高谈阔论，有说有笑了，因为这是祖国的天下，有人身自由了。

有一天，我在南关传统劳务市场，看见有许多的日本壮男等待招工。日本人昔日的威风一扫而光，想想过去的 14 年，真是今非昔比。

这些欲打工的日本人，一旦看见中国人来找招临时工，便争先恐后笑脸相迎："我去，我去。"历史已经扭转，大多数中国人对他们没有报复之态，而是和颜悦色对待，日本人鞠躬感念。

长江路最西侧往南拐，有一条小马路，中国人在这里经营很多熟食摊位，有面条、包子、水饺、馄饨、油条等。在这些摊位上都有日本年轻女人当服务员。午间我吃了一碗馄饨，在付钱时，一个年约 20 岁的日本女子，一边赶紧说"谢谢，谢谢"，一边向我行 45 度的敬礼。

我又看了一会儿，中国人在此就餐时，没有人向日本女服务员说三道四，更没人对女人说出难听失礼的话。中国人有传统美德，心胸开阔。

祖国"光复"后，普天同庆，举国欢腾，长城内外，大江南北，老百姓都说："从此太平无事了。"

正在这时，友人毕永康告知我："溥仪、皇后婉容、玉琴及爱新觉罗的家族，宫中所有的上下佣人，伪满各大臣，关东军高级将官们在日本投降前夕都逃到通化大栗子沟去了。"毕永康是前清毕举人之子，南开大学毕业，新中国成立后他曾经在电影《林海雪原》中扮演"座山雕"。

当时伪满垮台，因为没有政府也没有法律，社会上出现了一段混乱局面，想去找玉琴没有准确地址，只好等有了地点和通信处再去找玉琴回家。我感到已经躲过"国兵"一关，于是太平无事地回到家中，以后有机会再找工作。

1946年初，毕永康邀我去北平，找他七叔毕载宇求职。但是，我俩到北平时，他七叔国民党军长的职务早被解职。

毕永康立即把我安排在天津宁家大桥树德里他岳父穆家暂居，等候找工作。毕永康长妹是天津大中银行经理的儿媳，她曾到穆家来看望我，表示愿帮我找工作，对我既热情又礼貌，还邀请我到玉华台大饭店吃饭，请我看电影《月宫宝盒》和话剧等。

穆家二老对我也很热情，可是送来的早点仅是一个窝头和几粒花生米，这情况说明穆家也并不富裕，我真是不好意思。

穆家兄弟洪君、洪涛、洪文三人早已组织了一个业余鹦鹉乐队，以广东音乐和30年代歌曲为主，我也参与其中，不知不觉成了临时乐手，每天玩玩以解除寂寞。

穆家尚有三个未婚的姑娘，其中七姑最小，年仅18岁（天津风俗把未婚姑娘称姑），恰好她喜欢歌曲，总找我拉二胡给她伴奏，关系逐渐好了。但是，我一言一行，非常慎重，待人处世格外有分寸，穆家一致说我"老实巴交"。

为庆祝"五一"国际劳动节，鹦鹉乐队被某厂邀请去演出，除演出广东音乐外，我被邀请拉手风琴给七姑伴奏《蔷薇处处开》，演出很成功，一再谢幕，七姑也高兴："李大哥，你的琴拉得真好。"

这次演出后，不知是什么原因，七姑对我越来越好，她总是笑眯眯的，没话找话，显得对我有点兴趣。

当年我风华正茂，溥仪也说过我相貌好看，但我是已婚之人，从哪个方面讲都绝不能越雷池一步，因此只能对七姑礼貌疏远。

一天，毕永康拿回一份《天津日报》，上面刊登一条叫我高兴的好消息，大字标题是《伪满皇娘李玉琴的一段故事》。其内容是：当记者采访时，李玉琴声称将削发为尼，为溥仪守节。最后是记者奉劝几言：要认清时代，早早醒悟。知道玉琴已经回家，我应当尽快回长春，看望久别的妹妹。

七姑问我："你什么时候再来看看我？"她的双眼湿润了。面对此情景，我绝不能伤害她，就说："七姑，我一定有机会回津看望你，再用手风琴给你伴奏，祝你今后生活美满幸福。"

当我回到长春时，意外的是已"凤去楼空"。

事情是这样的。1946年4月14日，好心的解放军同志亲自把玉琴由通化带到长春，交给我的父母，让她回到了父母的怀抱中。在娘家恢复体力和精神后，玉琴接受了记者采访。后来又有伪满皇宫中的太监和爱新觉罗的几位女族人相继找上门来。这些人花言巧语，一而再再而三地苦苦动员，请玉琴进关内到爱新觉罗的家中去，等待溥仪的归来。这几个人，是无利不起早，因为玉琴对他们来说还有利用价值。

而此刻，溥仪与一部分皇族、关东军将官和伪满大臣，在沈阳机场被苏军俘虏后，正被关押在苏联境内伯力战俘营内。

爱新觉罗家族的几个人对玉琴说："皇上不在，贵人要是有个三长两短，我们负不起责任。"玉琴听了爱新觉罗族人种种甜言蜜语，就信以为真，一心一意等候溥仪。1946年6月26日（农历五月二十七日，李玉琴生日的前一天）她被这几个人领走了。

我听了这事儿，又急又气，火冒三丈，在娘家一样可以等溥仪归来，而且历史在前进，形势在发展，她这样天真，真是不撞南墙不回头。"贵人"是过去的历史，溥仪又不在场，谁也不会对你重视。此去可能有重重困难，也可能受罪、受折磨、受到各种打击。

当时想找玉琴回家，又没有接到玉琴来信，不知她的准确居住处，只好听天由命。这和1945年伪皇宫一夜之间人去楼空、玉琴妹妹下落不明一样让人牵挂不已，又无可奈何。

二、长春被围

1947 年初春,我考上小河沿子南河东区区公所,职位雇员。工资不高,但总比失业强,全家能吃上饭。爸爸仍在田家馆跑堂,弟弟当木匠。大哥李金在东盛路独资经营一家东盛饭店,生意兴隆,二哥李玉是水果小贩。

南河东区管内都是农田,特别是小河沿子土地肥沃,农民年年有好收成,因而农民日子好过。

此时,我家仍在二道河子一面街住,是东厢房,房东是小河沿子的大粮户李营洲,为人善良,周围人都称赞。

我上下班走的都是土路,行程至少一小时,因为家中总是钱紧,买不起自行车,更没有手表,在上班时,六点半由家走,七点半到区公所。这样行程远,每天走路多,身体反倒得到锻炼,受益终生。

我在区公所时,做的是清清白白的雇员,农民找我办事时,我总是笑脸相迎,耐心解释,当办即办,从不拖延,处处让农民满意。

因为我也是农民的儿子,知道农民的疾苦,农民们为了多打粮,打好粮,顶风冒雨,披星戴月,多么辛苦。我希望他们的生活越来越好。

可是转眼到了 1947 年深秋,长春被围之前,空气越来越紧张。

终于有一天,区公所孔庆余区长宣布,全区职工一律"停薪留职"。也就是说,区公所关闭了。

爸爸和弟弟李贵也都失业了,家中没有一点收入,吃饭成了大问题。怎么办?我万般无奈地把爱人送回娘家去居住,因为岳父开过织布小作坊,有点积蓄,就把女儿留下了。我又把爱人由娘家陪嫁的两个金戒指及我俩结婚的全套新被褥都卖了,回家后用这钱省吃俭用勉强维持生存。到了 1948 年长春被围后，居住在郊区的地主、富农，把粮食全部运到市内再找房居住，因此市内粮食够用，多数人则估计不到这是权宜之计。市内粮食越来越少，粮价水涨船高，有的人家吃饭成了问题，有的吃豆腐渣，有的吃用曲子做成的大饼子，曲子是做酒用的原料，吃一口又苦又辣，如果不吃又要挨饿。这是长春被围初期的现象，也是家家无法解决的关键问题。

我的乐友何士宾联系到有一个国民党团管区，要招用一个临时小型乐队，自带乐器，在试听成功后才能录用。参加试奏者有何士宾、郑国瑞、李树芳、李树森、何福祥、沈瑞令、罗丙中、贾益成和我在内共九个人。乐器有小号、长号、巴利敦、小巴斯、黑管、萨克斯管、大鼓、小鼓。在原满炭大楼前进行试奏，吹奏《献花》一曲。

在试奏开始时，我突然发现带去的小巴斯铜号嘴忘记拿来，无法吹奏，急中生智，我双手拿起小巴斯，就用喉代替发声，装模作样地吹奏起来，以求过关。但是，试听的军官，当着我面说："你真了不起，没有号嘴吹得这么好听，当年的贝多芬也赶不上你的水平，佩服、佩服。"我也幽默一把："报告长官，将来由你组成一个无嘴吹奏乐队，由你指挥准得大奖。"

此刻，市内粮价天天上涨。有的人家开始吃树皮树叶和野菜充饥。大多数人走投无路开始挨饿，面临着死亡的威胁。乐友李光玉（新中国成立后他在市砖瓦厂工作）把我们介绍到通化路电业小白楼国民党第二十一师的师部，每天早晨在大操场上升国旗时吹奏国民党党歌。参加临时小乐队的人有李光玉队长，何士宾队副，以下是沈瑞令、李树森、郑国瑞、古士盛、李树芳、罗丙中、贾益成，我也在内。

由师部军官们借给军官服，穿到身上后，我清楚这是鲜花上的露水，朝不保夕，明知是这种结局也只能硬着头皮干下去。

我们小乐队早晨升旗吹奏，晚上各军官跳舞我们用弦乐进行伴奏，因此每天也能吃饱饭，每月也给少量工资，总比挨饿强，但也时刻惦念父母是否在挨饿。

有一天，我们乐队在大操场上等候升旗吹奏。忽然有一位少校副官说："我看你小鼓打得好听，你来个小鼓独奏吧！我要一饱耳福，请。"我毫不犹豫，先说服从命令，然后拿起小鼓棒，就以军人的雄伟姿态，把小鼓打得犹如"军人射击时枪珠连发射"，把这位少校军官听得目瞪口呆，拍手叫好。为了不挨饿，只得拿出绝活儿，叫他心服口服。升旗回到宿舍后，乐友们都对我伸出了大拇指："老李，你真有两下子，给乐队增了光。"

临时小乐队只干了不到两个月就解散了。又失业了，再找工作难如登天。

[编者注] 长春 1948 年围城

关于这一历史事件，官方已出版若干文史资料。而其第一部民间口述史，也已于 2016 年 6 月，由吉林省政协文史委内部出版，书名《沉默的城市》。

历史图片：1948 年 6 月渡辽河逼近长春的围城部队

三、山穷水尽

1948 年初，粮价是天天上涨，市面流通的纸币竟出现了 500 元一张或 1000 元钱一张的钞票。国民党军在买粮食时，竟惊人地出现万元或几万元银行现钞纸币，这就造成粮价空前绝后地猛涨。早在五六十年代，有一段相声叫《昨天》，就是形容国民党统治时期物价飞快上涨的情况。

一个人说："这东西太贵！"老板说："你不买马上涨价。"那个人连声说："买！买！"

当时长春的粮就是这样紧张。市内所有的鸡、鸭、鹅、狗、牛、马、骡、驴都被斩尽杀绝，以供人们充饥，应了一句俗语"杀马扣槽"。这些家畜、家禽都大难临头了。

因为二道河子断电又无煤，有人把能住的房子拆掉然后卖木桦，换来钱买粮食吃。一部分挨饿的大姑娘饿得实在没法儿，不甘心地嫁给有粮食的老头，暂渡难关。

家中在围困时因为没钱，就拿衣服到有粮食的地主手中换粮，换来黄豆，用水泡好，再用手推小磨把黄豆磨成汁做成豆腐脑状，然后加上一半米糠做成大饼子吃。一个大饼子二两，记得我一次吃了五个大饼子。当时感到活一天算一天，不知哪天被饿死。

我为了减轻全家挨饿的压力，求邻居李玉宾（新中国成立后他在大经路市钣金厂当工人）把我介绍到吉林大马路一面街口（德增盛粮店）国民党军第五连新兵班当兵，天天在操场上练走步、立正、左右转等姿势，每顿吃得饱，没有副食。有一天我节省一个苞米面大饼子，然后快速偷偷跑回家中，因为五连离我家仅 300 米路程。

我爸爸吃上我拿回的大饼子连声说："我的儿子真好。"写到这里，我心中万分难过，因为在挨饿的关键时刻，父母天天吃不饱，我感到无地自容。我一生中仅仅给爸爸这一次大饼子吃，以外再没有一点孝敬老爸，我是不孝之子，理应受到老天爷的严厉惩罚。

在我出生后，我是长子，爸爸对我喜欢疼爱，买好吃的，有了病赶紧买药，家中再困难也拿钱让我念书。而爸爸连一件像样的衣服也没穿过，我上班路远，爸爸又给买自行车，过年给买新衣服，对我之恩天高地厚，关心备至，相反我孝敬老爹做得太少啦，真是惭愧、痛心。

可是我又一想，当上兵以后，迟早要随军打仗，这样家中二老没人管，我太不放心。我找连长说了谎言："家中父母已经饿病了，请连长开恩，让我回家护理病重的老人。"连长考虑后同意我退伍。我在历史上当了五天兵。

[编者注] 此处老人不愿多讲。

1948 年夏天，东盛路有许多熟食小摊床，卖大饼子、高粱米饭、小米粥，许多人去吃。我看见一个人，他可能饿极了，突然伸出一双黑手，把一个人正在吃的大饼子抢去。就餐者不容分说，立即把抢大饼子的人按在地上，拳打脚踢。这个抢大饼子的人只要是不被打死就继续吃，这是令我最难过的一幕惨剧。

此时，大哥李金因为独资经营饭店，手中有钱也有粮吃，本应在这挨饿情形严重的情况下，前来看看有养育之恩的叔父婶母。二哥李玉与同院程子勤天天贩卖粮食，也有饭吃，二哥家住东盛三条，我几次到家看望二哥、二嫂。以后因为挨饿形势太严重，我顾不上去看望二哥了，失去了联系。

我爸爸一生中对李氏家族表现了风雨同舟、勇挑重担、当仁不让的高尚姿态。他老人家大公无私、光明正大，值得李氏家族子孙学习、尊敬、怀念。

1948 年，家中确实到了山穷水尽的地步。大难临头之际，家中好一点的衣服都换粮食吃了，在这生死关头，不应束手待毙，三十六计走为上策。老百姓传说："解放区人民有饭吃，日子好过，就是很难出去。"怎么办？一个人总不应该被一个"难"字吓倒。

1948 年盛夏，在我的倡议下，父亲、弟弟都同意赶紧逃命去解放区，能否成功全凭上天保佑。这个举动当时叫"爬卡子"，就是走出封锁线，否则再没有生路。

为了逃命，抓紧时间，逃出这个饿境。爸爸、弟弟和我一行三个人在别人的带领下，夜间在一面街大南头小河沿子的田间，就像小偷偷东西一样，东瞧西看，耳听八方，慢步而走。但是，天不遂人愿，两次"爬卡子"，都不巧被解放军战士发现拦住去路而失败。当然战士们是奉命行事。

虽然两次失败，可是仍不甘心，我和弟弟李贵由别人领路再次"爬卡子"，终于成功了。夜间在田间走路难度很高，前进的方向凭借天上的北斗七星指路，前进时要躲开各屯子，否则惊动了屯内的狗叫，再惊动人，我们就会被发现，就有被送回去的可能。为此深一脚浅一脚的，跟跟跄跄还多走了许多冤枉路，只要是累不死就拼命地走，逃命要紧。在行程的后半夜，可以说是边走边做梦，五米处看到一片荞麦花则疑是小河流，看见一棵小树则疑是人影，真是提心吊胆地前进。

东方欲晓之际，头脑稍有清醒，各屯子也能看见了。有的农民起早干活看见我们手拿小包袱，又是慌慌张张的样子，明白我们是从白区逃出来的"难民"，不闻不问，也不搭理我们。

红日东升，家家户户的袅袅炊烟升上天空，鸡鸣狗叫，大鹅也嘎嘎乱叫，老牛套在车上，羊羔也走出来去野地里吃草，真是人欢马叫，令人心花怒放。我一见此景，心想还是解放区好啊。

走着走着我们看见一个大院，院内不知是哪位好心人煮了一大锅苞米，无私地给难民吃，我们几个人去要苞米，老农热情地说："快吃吧。"但当我和弟弟吃了两个苞米再伸手要时则被拒绝。这是因为有的"难民"在长春时，早已饿得大肠贴小肠，到解放区后因为多吃了苞米，当场胀死。农民是关心"难民"，我感谢做好事不留名的农民大爷，暗暗为他们祝福。

我和弟弟吃了苞米后，全身有劲，精神充足，然后一路走一路问。当天上午，走到范家屯镇大东头，各家打听了一会儿，终于到了乐友赵浦爷爷的家中。经自我介绍在长春挨饿的情况，又是一再恳求，赵家把一间空房租给我用，又主动借给我一些炊事用具以及旧桌椅等，我感谢好心的赵家。

我和弟弟有了临时的家。但是，晚上说啥也睡不着，心想，爸妈仍在挨饿，生命受到威胁，怎么办呢？想来想去必须重返长春，为了营救父母"孤注一掷"，此外，再无良策。次日早晨，我跟弟弟说："咱俩逃出来，可是家中二老双亲仍在挨饿，当儿子的绝不能对爹娘死活不管，我身为长子，去营救爹娘理所应当，义不容辞。弟弟你放心吧，我要拼命营救爹娘，你在此地饿了就卖旧衣服，再买点吃的耐心等待好消息。"弟弟赞同。

营救父母的大事决定后，当天上午，我心急如焚，大步流星，急急忙忙往家赶，在行程中也许精神紧张，一点儿也没有劳累之感。夕阳西下时，我已藏身在小河沿子大田内了。

夜幕降临后，我小心翼翼、东张西望地慢慢爬行，万一被人发现就进不去了。我提心吊胆地到了东盛路大南头时，只见街上一片漆黑，静悄悄地看不见一个人影，我东藏西躲，生怕被国民党军发现，怀疑我是解放军暗探，那后果就不堪设想了。

我真是幸运，终于平安到了家中。我进入屋内时看见二老安然无恙，心中太高兴了。因为是黑夜回家，二位老人家又惊又喜，问长问短。我一五一十地介绍了几天的经过。母亲和父亲乐着说："大儿子真好，忘不了爹娘。"我表示要把二位老人家接到解放区，天天能吃饱饭。因为爸爸身患痢疾，已服中药快半个多月了，却不见效。因此我回到家的次日，一心找西医去给老爹医治。但是，当我路过大街小巷时，行人稀少，也看不见各家各户炊烟上升，冷冷清清，显得十分寂静。

　　我在吉林大马路和顺三条，看见有几个幼儿又哭又喊，又叫爹，又叫妈，就是没有人管，太叫人可怜。这个情况可能是当爹妈的饿得死神来临，万般无奈就把亲生儿女狠心扔掉不管了，真是惨不忍睹。

　　我由一面街（现在叫临河街）走到吉林大马路和民丰大街的交叉路口，一个西医大夫也没有找到，也可能西医大夫们都被饿跑了。我仍不甘心地站在路口四处张望，看见一个中年黑脸乱发妇女，不知为啥，在地上爬行着，又闭着双眼，摸到一小块砖头以为是食物，用嘴一咬又扔在地上，然后惨叫道："老天爷呀，睁开眼睛救救我吧。"此时此刻，粮食价格高到什么程度？据《新文化报》2008年10月16日第17版刊登的一篇文章，粮价暴涨以亿元计价。

　　国民党东北"剿总"副司令郑洞国在回忆录中说："1948年6月长春四

电影《兵临城下》剧照

逃出围城的长春难民

面被解放军合围,市存粮日益减少,粮食倒把随之盛行起来,粮价一日数涨。此时东北流通券迅速贬值,高粱米最终涨至三亿元一市斤……"

[编者注] 采访手记:

　　老人关于围城的大部分记忆,我没有收入围城口述史《沉默的城市》,因为第一次见老人时,我已经采访了数十位亲历者,那些老人家所讲述的围城细节和本书李凤所记述的场景画面很接近。

四、长春解放

在挨饿最为紧张的时刻，我的二姐身背女儿郝曼营来到娘家，她跟父母说："听传言近日解放军要开放'卡子'，所有挨饿的老百姓可以出'卡子'逃命。"父母和我听到开"卡子"这样的好消息后，真是喜出望外。

二姐回娘家是为了在出"卡子"的行程中借助我们的力量对她各方面有个照应。我考虑在此挨饿的非常时刻，应当挺身而出，尽全力帮助胞姐，绝不能视而不见，只顾自己不管别人，那是天大的错。

最为关键的大事，是爸爸患病越来越重，走不了，真是愁死人。要是手中有钱买一辆手推车，就解决了天大的问题。可是当时家中一没钱，二没值钱的东西，可把我难住了，心急火燎，想不出来办法。

我问母亲："爸爸走不动怎么办？"妈妈也同样着急，她考虑后说："到了解放区尽快卖旧衣服，再用钱买银圆，以最快的速度赶回家中，用银圆买手推车把你爹推到解放区，此外别无办法。"

我听了妈妈的话后，仍然不放心，爸爸在重病之中，身边没人护理和照顾，一旦出了事，这是人命关天的大事，无法挽回。但事已至此，只好听妈妈的话吧。

1948 年的农历八月十四日（这个日子我记得准确），我用许多旧衣服换来三斤小米，给爸爸暂时充饥度命，恳求老天爷开恩，恳求大慈大悲救苦救难的观世音菩萨保佑我的老爹平安无事渡过难关。

我尝到了人间生离死别的痛苦，泪流满面，在临行前，我拉起父亲的手，又拥抱在一起，说："老爹，近日内儿子不能照顾您老人家了，等我到了解放区后，拿回银圆买辆手推车把您老人家送到解放区内，有吃有喝再给您治病，您安心等儿子吧。"

但是，当时老爹什么话也不说，如果当时被老爹打一顿、骂一顿，应该说我心里也好受些，可是老爹什么话也不说，我的心中反而更加难受。

我身背大麻袋，内装被褥，右手提着自家的旧衣包，左手提着二姐的旧衣包，妈妈也提着旧衣包，二姐背着女儿。我们一行四人由东盛路大南头向前走，经过于家油坊便进入解放区内了。只见三人一帮、两人一伙出"卡子"逃难的人，脸上有了笑容，不再是愁眉苦脸了。（注：于家油坊是伪满时期所建）

我补充一个事，在围困中，是用弟弟的许多值点钱的新衣服换来粮，解决了家中挨饿的大事。弟弟李贵从来都是大仁大义。我们走到小河台时，看见了好心的解放军战士在路边给"难民"发放一点豆饼，以解"难民"燃眉之急。我从心里感谢救苦救难的人民子弟兵，真是好军队。

一路上，天高气爽，秋风瑟瑟，秋花淡淡，秋草枯黄，一望无际的农田丰收在望，儿童们又跳又唱，牧童放牛、羊、猪。我面对这美景如画的秋色却无心观看，心中总觉得不能与父共患难而感到愧疚。俗语说：养子防老。在关键时刻丢下了老爸，这是绝不允许的。这也是我一生的遗憾。

天边有几朵白云，轻轻吻着夕阳，又相亲相爱拥抱在一起，投入到西山去寻找爱的归宿。夕阳染红了半边天，牧童催着牛羊成群结队地赶回家中，土穴里蟋蟀唧唧叫着。杂草中的小虫儿，也奏起悲秋曲，令我忧伤彷徨，思念我的爸爸。

暮色降临大地，母亲一路上又步履困难，叫我担心，我见到一位老农，先礼后言："请您行个好，帮忙找个睡觉的地方。"这位老农毫不讲代价，立即把院内的小棚子腾了出来叫我们四个人住下。小棚子要比露天睡觉好，没有露水又不会感冒。天底下好人多啊！次日红日东升，公鸡报晓，小鸟儿叽叽喳喳。这位老农来到小棚子内问："你们睡得好吗？"我连说："谢谢您的关心，以后再来看望您老人家，愿您健康长寿。"

我们一行四人，边走边问到了新立城（距长春约30公里），找到叔伯大姐家。大姐一家是农民，大姐夫自婚后一直患有精神疾病，生活不富裕。

大姐对娘家人热情接待，我们每餐吃苞米，睡在大火炕上，全身解乏，睡得也香。我看见解放军战士给农民挑水、打扫庭院，对老百姓一点儿架子也没有，言语温暖，态度和蔼，秋毫无犯，我内心欢迎这样的军队。

我在挨饿逃难中，吃了大姐救命的饭，我时刻不忘人家的好处。80 年代中，我和弟弟李贵去新立城，多次看望大姐一家人，拿的东西不多，仅仅表示小小的心意，知恩不报非为人也。大姐过世后，我仍然和其三子胡振田有联系。

出"卡子"的第三天，我就和"难民"雇用一辆大马车，当天中午赶到我在范家屯镇的临时家中。因为妈妈肯定担心老爹，又是一路风尘仆仆，我赶紧让妈妈休息，以防生病。

我惦记又饿又病的老爹，赶紧到镇上卖旧衣服，农历十六日，巧遇临河三条邻居王大婶，因她孀居多年从不化妆打扮，外号王疯子。王大婶一见到我就说："你爹去世了。"这极大不幸的消息，令我犹如万箭穿心，五雷轰顶，悲痛欲绝。

心爱的爸爸，一生为人忠诚老实，吃亏让人，省吃俭用养活了七个子女，到头来谁也没有尽孝，我身为长子在老人临终时未能陪灵挂孝，是终生的憾事啊！

曾经有很多人问我："溥仪给你家多少古董、古画、玉器以及金、银、房屋、土地？"如果只要有其中一件珍宝，在爸爸生命垂危时刻拿出卖掉，爸爸也不能因没钱买手推车出不了"卡子"病饿而死。

话再说回来，我心如刀绞痛哭了一场，回到家后妈妈问我："你的眼睛怎么红了？"我说了谎话："眼睛被沙子迷了。"把事情瞒下了。

自从解放军"放卡子"后，范家屯镇来的"难民"突然增加，一下子小镇热闹非凡，人欢马叫。"难民"卖旧衣摊，各样熟食摊，川流不息，四面八方农民都来买"难民"出卖的旧衣服。1948 年解放区棉布紧张不够用，这倒是给"难民"帮了忙。

我在范家屯镇住了一个月，1948 年 10 月 19 日长春解放了，人民高兴地欢呼雀跃，都说："从此不再挨饿啦。"

长春解放，我和弟弟急忙回到长春的家中，因为没钱买棺木，是用妈妈的红松大木柜当成棺木把饱受风霜的爸爸遗体入殓，享年60岁。

参加殡葬的人有弟弟李贵、大哥李金、二姐夫郝林和我。此刻，大姐在北平，玉琴在天津，三姐在良乡，小妹玉琨在政工队唱歌，妈妈和二姐在范家屯镇尚没回长春，二哥李玉尚没音信。

爸爸的结局是想不到的惨局，我身为长子心里惭愧自责，妈妈比我更加痛苦。

从此，逢年过节家中再没有往昔那样的和谐欢乐，暗淡的阴影一直挥之不去。爸爸生前的教诲我不时地重温着，他教我在日常的生活中如何做人，为人处事要凭良心。我要像爸爸一样为后辈积德留福，这样才能子孙昌盛，好人一生平安。

1948年10月19日，困守长春的国民党新七军在人民广场放下武器，解放军清点后吹响胜利号角

五、参加革命

　　1948 年长春解放后，我家从一面街搬到东三道街胡同 7 号居住，租用孙立天在 20 年代盖的砖瓦房。二姐和我分别住东、西屋，我爱人也从娘家回到自己的家。小妹妹玉琨和爱人李正非也来娘家看望。我出"卡子"后，爸爸又去世，所以同院有粮食吃的地主，就把我家中一切用具偷得一干二净。解放后当时的新家，仅仅是有被褥和身上穿的衣服，在生活上一步一个没钱，一步一个困难，可是不管怎么困难，这和在围困中的困难不一样，只要肯卖力气，总不会瞪眼饿着。这困难我认为是短时间暂时的过渡，我绝不能低头。

　　长春解放后，一下子由外地运进来大米、白面、猪肉、鸡蛋、白菜、粉条等，应有尽有。永春路人山人海，小商贩很多，叫卖声不绝，街上卖衣服者最多，人们都有了生机，高高兴兴地迎来新的生活。解放初期二哥李玉没有消息。后来听说大哥和二哥在机械十九厂工作，当炊事员。以后李福臣也在此厂工作，是电工。李福臣在 50 年代结婚，在西四道街庆海春饭店办的婚礼，我是男方主婚人。

　　1949 年 3 月 9 日，乐友李树森把我介绍到长春文艺工作团，经政审合格后，我在乐队内工作。团市委书记肖戈责成金铭同志主持文工团工作，肖戈又责成团市委干部王哲同志、李灵峰同志（女）在文工团协助金铭同志开展文工团各项工作。这两位给我的感觉是一身正气，他们对人态度和蔼，对团内工作认真负责，以后又来了画家王兆一同志专搞美术工作，我认为他是一位正人君子。这三位同志从不整人，不背地里汇报，不说别人坏话。

　　王兆一同志是文工团第二任团长，在抗美援朝时，他带领全团赴朝慰问演出，胜利圆满地完成了赴朝演出的工作任务。

　　文工团演员有：李俊贤、贾玉珠、张云、革维民、王常俭、王亚宾、刘海茹、孙志儒、王星、张宾、王树、魏敬一、郭诚、刘凤一、郑建基、崔斌、姚军和我。

我于1949年3月9日正式参加革命工作，当时国内形势是江南大片土地尚未解放，我是在解放战争中参加革命工作的。

文工团都是供给制，不挣工资，集体食宿，每人发给一套外衣。

长春文工团在胜利大街，和团市委在一个大楼办公，也在此楼排节目。我参加工作后，真是一个胜利消息接一个胜利消息，好戏连台。

1949年4月21日，百万雄师过大江，接着是太原和南京先后解放。文工团坐大汽车吹军乐（我吹小巴斯是低音部），到全市各角落散发号外，报告胜利好消息。我又参加文工团秧歌队上大街扭秧歌，锣鼓喧天，庆祝解放胜利。

南京解放时，由团市委在胜利公园内主办灯火晚会，文工团跳起集体舞，又点起篝火，这火树银花，照亮了每张笑脸，为了解放南京而欢呼。

团市委李天成同志在庆祝大会上说："愿红旗插遍祖国各个角落……"我当时盼望全国解放早日到来。

接着，文工团排练了歌剧《王贵与李香香》，内容描写恶霸地主压迫穷苦农民，最终红军打倒了恶霸地主，解救了农民。

在正式演出之日，艺术剧场楼上及楼下座无虚席。楼上首先由东北电影制片厂全体演员八部轮唱《解放区的天》，歌声雄壮有力，立即把楼上楼下1000多名观众推向互相拉歌的高潮。嘹亮的歌声此起彼伏，场内气氛热烈。"叫你唱你就唱，别装乡下大姑娘"。场内一个高潮接一个。

开演时，首先是军乐演奏。张先程、李世然、刘福生、张士奎吹小号，李树芳、陈立亭吹黑管，沈瑞岑吹萨克斯管，杨德喜吹拉管，刘凤一吹横笛，高伟、郑建基吹短号，杨兆重、仪伟和我三个人吹小巴斯，赵振武、陈荣吹巴利敦，石家珠吹大巴斯，李树森打大鼓，王亚宾（女）打小鼓，指挥陶鑫，吹奏了三首乐曲，一首是《没有共产党就没有新中国》，另外两首是苏联乐曲《阅兵进行曲》和《多瑙河之恋》。这是我有生以来第一次参加专业演出，圆满地完成了吹奏乐曲任务。

《王贵与李香香》歌剧演出中，当看到农民王贵受到恶霸地主和帮凶狗腿子压迫和残害时，台下的观众群情激愤，高喊口号："打倒恶霸地主，为王贵报仇！"由于演出效果真实，把在场的观众们带到了剧中情境，同情农民王贵，痛恨恶人残害穷苦百姓。我在歌剧中拉二胡伴奏，乐队配合成功，也是歌剧演出成功的一个重要原因，我尝到了工作的乐趣。

当时，文艺方针是"从群众中来，到群众中去"，"文艺为工农兵服务"。

文工团把全团演员及乐队人员都派到市内各工厂，到基层去体验生活。首先是学习工人阶级优点，工人阶级富有政治远见，革命性强。其次是经过体验生活后，在创作剧本和演出时可以更真实。

我和孙志儒（女）被派到公私合营后的裕昌源油厂。我到基层，虚心向工人请教，甘当小学生，和工人打成一片，学习工人在劳动中的勇敢坚强、无坚不摧的精神。工人对我教育很大，我和工人一同扛起80公斤的粮食大袋子，面不改色，坚持完成任务。我又到锻工车间，抢起12磅大铁锤和工人一起打铁，又热又累汗流满脸。如果不体验生活，就不知道工人的刻苦和大无畏精神，更不懂劳动成果是来之不易的。

1949年的"五一"国际劳动节庆祝大会在人民广场银行前举行。文工团大乐队和部队军乐队在主席台前联合吹奏，雄壮有力的乐曲，增加了节日气氛，也振奋了人心。我能在这盛大节日庆祝大会上吹奏，觉得非常光荣，这是我有生以来第一次，也是人生难得的机遇。

1949年10月1日，中华人民共和国宣告成立，是大喜的日子。各单位除值班人外，全都集中到人民广场、南北人民大街、西长春大街、民康路、西安大路，场面盛大而又隆重。

文工团大乐队走在游行大队最前列。我在乐队中吹小巴斯，游行队伍高喊："毛主席万岁！中国共产党万岁！中华人民共和国万岁！"大街小巷都有无数人观看游行大队，老头儿、老太太、儿童、妇女都喜迎游行队伍，共同加入到欢乐的海洋之中。

因为文工团实行的是"供给制"，家中一步一个没钱，过日子不该总伸手求援，我因有生活上的困难，经团领导人金铭同志考虑后，批准我到发工资单位工作，并写了一份证明。我在1950年2月退团另找工作。

1950年3月，我的大女儿降生了，全家人为有了新一代而高兴，我妈妈更是喜欢，精心护理她们母女。我手中没钱，是好心肠的弟弟李贵，把当木工的工资全部交家解燃眉之急。

我的大女儿自幼聪明懂事、会说话。大女儿两岁时，我问她："看看咱俩谁手白？"大女儿说："爸爸，我没洗手。"大女儿说话从来不气我，这是我的福分。但是，大女儿从小就受苦，别人家小孩换样吃好的，大女儿只吃一分钱的爆米花，今天我仍然心中不好受。

同年4月，在四马路益发合百货商店门前的一个看板上，贴着一张长春市税务局招考税务干部的布告。考试科目是：珠算，政治试题。

我在考试前七天才开始学珠算"+－×÷"。

我估计珠算考题我得吃个大鸡蛋，政治考题我估计是100分。最后由税务局行政科的孙科长对考试者一律口试、面试，并询问本人出身、家庭情况。在税务局发榜时，我是金榜题名，金榜题名是人生四大喜之一。我欢喜若狂，终于能到发工资单位去工作，我的"喜"是大女儿带来的，大女儿是我的"喜神"。

我在市税务局摊贩科工作，主管摊贩、游贩，是一名机关干部。工资160分，相当于人民币30元。摊贩在街上设摊床，出卖香烟、水果、糖块、瓜子等。游贩走街串巷卖青菜、大豆腐、小食品，收破烂、磨刀、剪头、做洋铁匠，其中小食品有油条、油炸糕、包子、烧饼、羊肝、羊肚、馒头等品种。按月下达税票，以便按月收税。

我在税务局是业余乐队队长，深受器重，工会王自立同志下聘书聘我为工会文娱干事。在税务局奖励商人集体纳税大会的演出中，以我为首演出了广东音乐，我弹夏威夷吉他，张栋良拉高胡，杨新五弹秦琴，储文阁打扬琴，演出效果很好，我受到表扬并获得奖状。

我在税务局工作，每天早上5点起床，6点半在单位集体学习《政治经济学》，下班后有时还排练文艺节目，确实又忙又累，但我在革命大熔炉内得到了锻炼，知道了许多革命道理。

28岁的长春市税务局机关干部李凤

在市税务局工作，全家能吃饱穿暖，我心满意足。但我"量入为出"，买了一身蓝色制服，四季能穿，棉鞋夹鞋爱人给做，在单位午间用三角钱买两张煎饼再卷土豆丝，也能吃饱。

弟弟李贵是木匠挣钱多，无私献爱，从不多言多语，妈妈说："我二儿子真好。"那时全国展开"三反五反运动"，"三反"是反国家机关干部贪污、受贿、腐化，"五反"是反对行贿、反对偷税漏税、反对盗骗国家财产、反对窃取国家经济情报、反对偷工减料。

市税务局局长张超同志亲自主持，在单位三楼大厅内，召开全体干部参加"三反"大会。经过一夜"打虎"，有三名干部被打倒，他们是李某、房某、刘某，贪污金额2000元钱左右，法办判刑。另有五名干部贪污不足法办者，人事科长侯凤林当场宣布："开除公职处分。"

在"三反"运动中，各报上公布了中央关于"三反"的政策。"以贪污

200元钱为起点。"其他内容，时隔60多年，全部忘记了。

陈景山是市税务局摊贩科普通干部，他在"三反"运动中非常积极，发言激烈，句句有火药味，目中无人，上蹿下跳，不可一世。

在"三反"运动后，陈景山被提升为宽城区税务分局股长，平日他趾高气扬，经常谈论某某干部迟到早退、工作消极等坏话，别人只笑不答。

有一天陈景山在税务大厅内，又给别的干部抹黑之际，突然来了两位警察，见到陈景山不容分说，立即给他扣上手铐，对他推推搡搡，用警车拉走了。

据闻："陈景山想方设法，贪污200元钱，手段恶劣，法办判处三年徒刑。"

在税务局工作期间，经过了抗美援朝、捐献飞机大炮、镇反、"三反"和"五反"运动，大大提高了觉悟。

为什么要抗美援朝？

因为美国借用联合国的名义，帮助南朝鲜进攻北朝鲜，已经打到中朝边境，如果中国人民志愿军不去抗美，可能造成我们唇亡齿寒的危险。这样，中国政府立即决定，出兵抗美，这就是抗美援朝保家卫国，使北朝鲜反败为胜，而且中国的领土主权不受损失。中国人民都拥护党中央的英明决策。

为什么捐献飞机大炮？

因为新中国刚刚成立，百废待兴，正需大量用钱进行经济建设，但当时解放军欲抗击美军，起码必须武器够用，为此中央号召全国，捐献飞机大炮，以支持志愿军。

据闻：首先，中国最著名的京剧演员梅兰芳先生为捐献，曾亲临长春义演多日，把演出收到的钱，全部献给政府，受到各界人士热烈欢迎和支持。其次，河南豫剧演员常香玉女士，捐献一架飞机。最后，长春私营益发合面粉厂，也捐献1000元。

又闻：长春各界人士纷纷捐款，盼望志愿军打胜仗，把美军打回去。

"五反"运动，因为私营工商业者，用各种巧妙的办法，对国家干部进行拉拢，然后大发横财。为此要清理干部队伍，把贪污干部进行法办或开除公职。

据闻：长春合作总社一把手邢某，被奸商拉拢，出卖国库物资，然后奸商趁机大量进货，发了不义之财。

邢某事件，我目击，在永春路最南侧的大墙上，有人画了一张漫画，邢某一手抱美女，一手持着人民币，满城风雨。又有人在此处画了一张漫画，画的是一只老虎的牙被打掉了。

"五反"运动，市委派出大量工作组，然后对市内大大小小的工商业，进行全面核查，对偷税漏税者要求如数补上，对严重犯法的工商业奸商进行罚款，最严重者也是国法难容予以法办。

镇反运动。美军自在朝鲜参战以后，据闻有美蒋特务进行反动宣传："美国在朝鲜参战了，蒋介石要反攻大陆了，第三次世界大战要爆发了。"

为此，对这样的敌人要全面进行镇压，以保国内平安。抗美援朝保家卫国，全面胜利。

1951 年，我的胞弟李贵结婚，在西二道街秦家饭馆举行结婚典礼，宴请媳妇娘家人和亲朋好友。

但是，因为种种关系，我仅仅给弟媳买了几件衣服、鞋和袜子。至于家具无钱买，金戒指更是谈不上。可是弟媳通情达理，胸怀宽广，什么也不计较，一心一意，节衣缩食，把少数工资用到关键处，我和妈妈背后评论，"她是李家的好媳妇"，众姐妹们也都满意。

[编者注] 本节"三反五反""抗美援朝"为最后阶段新补充内容。

六、叶落归根

1952 年底，我在报上看见了玉琴妹妹的《寻人启事》：

> 李凤大哥、李玉琨五妹，我今住北京后门，南官坊口……见报速来信……李玉琴

这是久久盼望的天大喜事，我和弟弟李贵立即给她寄去足够的路费。玉琴在爱新觉罗·毓嵂的护送下，终于回到母亲的怀抱。她又喜又悲，喜的是全家又欢聚一堂，悲的是失去了爸爸，玉琴难过极了，大哭一场，感到没有报答养育之恩。

玉琴到家后，我和弟弟李贵买了好吃的，把众姐妹及亲朋好友请到家中盛情招待，既为毓嵂洗尘，也为欢庆玉琴重返娘家。

除夕之夜，玉琴和两个嫂嫂、妈妈，喜洋洋地包饺子吃，同时热情招待客人毓嵂。

玉琴自 1943 年到了爱新觉罗家，十年后的今天，才能和妈妈及全家人过上团圆年。春节后大年初三欢送毓嵂返京，双方握手告别。

元宵节过后，我和玉琴促膝谈心长达数月之久，真是往事不堪回首，一言难尽。

玉琴首先介绍了她在伪满皇宫时与溥仪的关系以及以后发生的事情，然后又介绍了"八一五"后在通化大栗子沟受到的冷遇和打击。

　　玉琴说："日本投降后，溥仪被关东军骗走了，因为皇后婉容体弱多病，我亲自动手，天天给婉容做好吃的。出乎意外，有人说'贵人'不注意身份。如果在空闲时间休息一会儿，又有人在背后说：'满洲国都垮台了，还拿皇娘的大架子。'在通化时看见婉容的被服及褥子太脏了，在病中又无人护理，我就动手拆洗，这个'雪中送炭'的行为，有人又说：'天生穷命，活该倒霉。'因为我做得对，要是和他争论，会惹一肚子气，只能是不理他。"

　　玉琴还说："部队何长工司令员（以后他任地质部副部长）夫妻一再动员叫我参军干革命，和溥仪离婚脱离封建家庭，但当时溥仪正在困难中，我不同意。"我说："玉琴，当时何司令员动员你参加部队干革命，你不同意，你这是棋错一步全盘输。"

蒙蔽进关

　　"……1946年4月14日，长春解放时，解放军同志们救苦救难，由通化把我带到长春，立即把我交给咱的妈妈，我正在和妈妈亲热中，但忽然溥俭之妻叶遁勤，宫中的侍卫严桐江、霍福泰等人找到咱家，他们花言巧语，再三对我苦苦动员，说请贵人进关，到北平婆家为皇上守节，否则贵人有个三长两短，他们负不起这个大责任……

　　"因为我年轻就轻信了他们的甜言蜜语。但这几个人是无利不起早，一旦溥仪再回来时，他们会找溥仪请功受奖。真是知人知面不知心，人心难测呀。

　　"特别是在我进关的次日，农历五月二十八日是我的生日，但我认为生日并不重要，为溥仪守节是关键，咱妈妈时刻关心我，在我临行前给我煮了100个鸡蛋，然后把我从通化带回的3000元钱又全部给我了，可是咱家这时钱太紧，而且你正在天津谋生，二哥也在失业。因为这种情况，我对妈说这3000元钱家中用吧，但咱妈强行把钱装进我的衣中，妈妈说出门在外没有钱处处困难，当时我激动得哭了，妈妈也流泪了。

"……可是，事情的发展叫我一再痛苦。我们这几个人，到了天津，首先在溥仪的族兄溥修家中暂休，但溥修自告奋勇去北平，意外的是，溥仪之父载沣，对我亮了红灯，溥修败退而归。其次，溥仪的二叔载涛，他也是自扫门前雪，不管他人瓦上霜。他们之举，堪称穷在街头无人问，富在深山有远亲，造成我真如冰溜子扎心窝，凉透了心，完全击碎了我对溥仪的真诚的心。"

载沣是何许人？

"早在光绪皇帝年间，因康有为戊戌变法，慈禧太后把光绪皇帝关押在中南海的一个小岛内，她又下密令，派人投毒，光绪皇帝年仅 38 岁，身受剧毒驾崩。慈禧太后立即下令，载沣之子溥仪称帝，年号宣统。载沣抱着三岁儿子登基，替儿子宣统执政，他借儿子的光，成为监国摄政王，其权力在一人之下，万人之上，他高官得做，骏马得骑，荣华富贵，吃喝玩乐。

"但是此时此境，清王朝已内忧外患，摇摇欲坠，年仅 26 岁的载沣，一筹莫展。孙中山先生领导的革命洪流终于把清王朝冲垮，宣统退位，载沣成为庶民。"

在溥修的家中，到底过的怎样的日子？

"我在满口仁义道德的溥修家七年，一言难尽。他对我残酷无情，总之是软禁、挨饿、谩骂、受罪，给我的是非人的待遇。

"后来我看穿了，溥修是借我的名义图一己私利。溥修把溥仪在天津委托他保管的 148 箱珍品，经常背着我出卖，然后又从妓院内把 16 岁的妓女刘展如领回家中，作为小姨太太。溥修把溥仪在天津的 15 座三层楼房全部卖掉，这些钱都入了他的腰包，全家人大吃二喝，对我毫不关心。特别是我的卧室冬天没有暖气，我脚冻伤了，他们视而不见。就是吃窝头也仅能吃半饱，他们太狠心了。在天津的五年中，溥修一次也不让我出门。我想去商店买一双鞋，溥修说让贵人出门怕失掉身份。这是对我软禁，溥修严防我去官府告状。

"新中国成立后，溥修得寸进尺，步步逼人。我走出家门，当夜校老师，宣传新《婚姻法》，动员捐献飞机大炮，参加国庆节游行，受到了溥修的谩骂：饿死事小，失节事大。又骂女人不堪承受的：不得已呀，花袭人。其言外之意，女人参加社会活动，是用女人的美色去勾引男人。"

[编者注] 1953年李玉琴回家时，是溥仪在抚顺战犯管理所的第三年。

我听了玉琴的种种遭遇，十分气愤，对她说："你已经离开满口仁义道德的封建家庭，今后你可以海阔凭鱼跃，天高任鸟飞。你可以为新中国建设奉献所有精力。"玉琴得到了我和众姐妹、弟弟的支持和鼓励，又高兴又激动，她满怀信心去找工作，以实现自己的美好愿望。

抚顺战犯管理所

　　玉琴在溥修家中时，溥修竟在户口本上偷偷给玉琴改了名，叫溥维清。此名言外之意，一是维护清朝长存，二是维护本身清白。后在 50 年代中，吉林省委书记吴德同志在长春市图书馆内接见了李玉琴，吴德书记当着玉琴的面说："早在天津解放时，有人说你在天津，后经多方面查找始终没有找到你的名。要当时找到了你，能立刻给你安排工作。"

七、祸不单行

1953 年初，我到长春建筑工程公司卫生科工作，主管干部家属报销药费，凭收据报销 50%，当年公司干部 1500 人，工作很忙。公司全体干部，每周六全天在工地义务劳动。每周三午前，听有关单位领导的报告，午后分小组学习讨论。学习的内容是《党的过渡时期总路线》。其中最主要内容：一化三改，一体两翼。

一化：社会主义工业化。

三改：即逐步实现国家对农业、手工业、资本主义工商业的社会主义改造。

此时，长建承建第一汽车厂的职工住宅，其承建面积东到西、南到北为 1.5 华里，在此大工区内又分为若干个工地，内有工地主任办公室，以下尚有保卫、技术、材料、运输、医务、后勤、工会等办公室。

我在卫生科工作时，非常重视各工地的卫生情况，经常下各工地检查卫生情况，检查工人大食堂以及检查露天便所，以防工地发生传染病。

这个大工区，固定工人加上临时工已达约 15000 人。我对工作认真负责，负起重任。

有时我借机到一汽正在施工的大面积的工程工地观看，只见混凝土的厂房拔地而起，雄伟壮观，堪称百年大计，我心花怒放。

一汽承建单位是某建筑工程兵团。我看见在施工现场的官兵们，不是猛虎胜似虎，施工机器轰轰隆隆，不是战场胜似战场，施工现场热火朝天，真使人激动不已。

我参加了公司业余艺术团，在乐队我吹小号，国庆节和"五一"劳动节在游行队伍中仍吹小号。

　　我参加了"首届工人文艺会演大会"，演出了广东音乐《雨打芭蕉》《旱天雷》《娱乐升平》。公司技术科杨业富拉二胡，何士宾打扬琴，特聘贾益成弹秦琴，我弹夏威夷吉他，被评为一等奖，又发给奖状和在上海加工的纪念章。在我演出之日玉琴也参加观摩，去听广东音乐。玉琴说："大哥，你们演奏的广东音乐，真是太好听了。"

　　公司团委和工会每周举办舞会时我也应召去吹奏伴舞。参加伴舞演奏的乐手有吉林省建筑设计院王福臣总工程师，长建技术科何福祥、何士宾、杨业富、马香等，此时玉琴干临时工较为辛苦，我担心她劳累过度，每次去吹奏伴舞时也带她去玩玩散散心。玉琴在舞会上结识了一位解放军空军飞行员张同志，这位张同志总找玉琴跳舞。有一次，舞会进行到22时了，玉琴急于回家，找我送她，因为我脱不开身，这位张同志很正派，主动提出护送玉琴回家。在我同意下张同志护送玉琴回家了，以后张同志和玉琴稍有接近，在跳舞中也有对话，仅是舞伴关系，但有一次张同志在护送玉琴回家的路程中，他向玉琴求婚，玉琴婉言谢绝。

　　我的一位二姨姐婆家姓王，她把玉琴找到了家中，为玉琴介绍一个男友，是转业军人，他是某单位保卫科科长，他和二姨姐长女在同一个单位工作，是位党员，工资60元。

　　玉琴对二姨姐说："现在溥仪正被关押中，他在有难时，我和别人结婚于心不忍，这等于我对溥仪落井下石，我一定等溥仪回来重建家园生活在一起，希望姐姐原谅，谢谢好意。"

　　我的叔伯大哥李金邀玉琴到他家住几天，同时也散散心。李金和大嫂向玉琴问了"康德皇帝"溥仪的许多事儿，话题转到玉琴身上，李金说："康德正在被关押中，他什么时候能回来恐怕遥遥无期，你别太死心眼儿等他了，趁年轻人也漂亮赶紧再找一个称心如意的吧。"但玉琴就是不同意找，一心等溥仪，大哥和大嫂也无可奈何。

玉琴在干临时工时，总有红娘热心帮忙，这些红娘都无功而返。玉琴此举是受到娘家的影响，抱着从一而终的观念。

玉琴自从返娘家后，家人处处对她关心、照顾，使她有温暖也有安慰。但玉琴此刻此境我一清二楚，日常从不对她说三道四，更不对她有任何伤害，绝不出口让她再嫁，也不能叫她等待溥仪一直到满头白发，满口脱牙，弯腰走路，成为一个终生独身者。我认为她有婚姻自主权、自决权，我应尊重她的权利，由她自己考虑自己决定。总之，我对胞妹玉琴从各方面观察，等丈夫归来重建家园是最坚定的。

1954 年，我爱人喜生贵子，只可惜小儿胎带结核病症，我每天上班忙，妈妈年迈，玉琴总抱着这个孩子上医院带他治病，她的无私奉献和这种手足情谊，我真感谢。

孩子仅出生一个月就夭折了，与患脑膜炎的一周岁侄儿同一天夭折，太不幸了，全家人相对无言，悲痛无法形容。真是天有不测风云，人有旦夕祸福，人生之路难料难测啊！我爱人李玉梅身患结核病症，我哪能置之不理！可是每月工资仅仅 34 元钱，我节衣缩食，又从大姐夫薛克明手中借钱，给她买药吃，可是吃营养品没钱，住院更没钱。家中生活方面我拿钱少，我弟弟李贵心甘情愿肩负重任，弟弟和弟媳都是好心人，绝不应该埋没他俩的奉献。

1954 年 12 月，我被调到了公私合营益发合粮谷股份有限公司，其前身是益发合面粉厂，我在工会任文教干事之职。

公司下设面粉厂、油厂、米厂、布厂。公司公方经理赵维敏，私方经理刘次意、刘益旺、陈景新。

此厂是 1907 年建成，面粉机是德国进口，面粉是龙马牌，质量好，益发合以此发家。私方前经理刘益旺，可能仍健在。

我调转工作上班后，公司厂长责成我组建一个业余乐队。乐队组成后有小号、黑管、长号、巴利敦、小巴斯、大鼓、小鼓。

　　乐队队员是从干部、工人中选出来的。这些队员一不识谱，二不会吹奏，我成了名副其实的教练。经我一番努力终于成功，节日游行时吹的还算可以，吹奏《没有共产党就没有新中国》《我是一个兵》等曲。由于我工作出色，受到了表扬，又被评为先进工作者。

　　1955年夏天，我在单位接到家中电话称爱人病危，我骑自行车拼命往家赶，到家时爱人已经身亡。她突然大口吐血，无法抢救，离开人世，享年31岁。应当承认结核病绝非不治之症，有钱住院治病完全能保住生命，没钱一切都耽误了，只能说我本人没能力没有用，怨天怨地也没用，玉梅呀，你就恨我一个人吧。

　　我给爱人用32元钱买了一口红松木大棺材，我曾亲眼看见三道街大马路口一个棺材铺内有一口上等棺材是檀香木的。此木产于马来西亚及印度热带地方，价格太高问也不敢问。

　　我爱人为人通情达理，从没因为生活困难和我发脾气，多年和我同甘共苦。自新中国成立后我没给她买过一件好衣服穿，更没领她逛逛公园，看看电影，也没领她到饭店吃点好吃的。她一生中，没享一天福。不说了，太难过。

　　我爱人去世以后，我感到屋内空空落落，下班到家时再没人和我说话了，寂寞孤单天天侵袭着我，无奈前后院去找大女儿，见到了女儿问长问短，好像心中才有点安慰。

　　六岁失去母爱的女儿，由我的母亲一心一意、无微不至地关心、照顾，做鞋、做衣服、补袜子、洗衣服、洗头。我本应当侍奉母亲，事情却是相反，让她为我操劳。

　　妈妈，您老人家永远是我最恩深的人！

　　以后大女儿上中学了，奶奶有时给她零花钱，意外的是在放寒假时，大女儿竟拿回一个五元钱的存折，一下子叫我目瞪口呆，感慨万千。

　　当时由于家境困难，我从没给女儿买一件新衣穿，也没买一双新鞋穿，

　　她冬天上学时，没有手套，没有围巾，可是大女儿从没有怨言。

　　今天，回忆往事，大女儿是在困难中成长起来的，我身为生父，太内疚了。

八、各奔前途

玉琴自从回到娘家后，满怀喜悦，满怀信心，为祖国建设贡献力量，她先后在一些单位当临时工，但都因为受到"康德皇帝"溥仪的株连而告失败。

本来有的单位因为玉琴工作干得出色，欲为她转成长期固定工人，但等她填完简历表后，单位对她外调政审，都因为她是"大卖国贼康德皇帝之妻，不能采用"。就这样她在家中曾哭了多次，妈妈及全家人都只能无奈地安慰她："只要是抱着诚心诚意，迟早能有单位容纳你当个长期工。"

玉琴思君肠寸断，夜夜伴愁眠，春去夏来，年复一年，月复一月，泪水洗面。

1955 年正当满园花开之际，突然接到溥仪从抚顺战犯管理所寄来的信，玉琴喜出望外，如获至宝，真是久旱逢甘雨，这迟到的春天也应欢迎。

妈妈特别高兴："四闺女呀，你去看看'康德'吧，如他没变心，等他将来刑满释放时，赶快找房子就团圆一起吧。"

我和弟弟李贵给玉琴备了往返路费以及食宿费，众姐妹们都给没见过面的溥仪买最好的蛋糕等。玉琴买的是香皂、毛巾、背心、袜子、笔记本、水果糖。

玉琴欢欢喜喜而走，火车像一条巨龙，在大地奔跑，吼叫着，大地上的花草树木摇摇摆摆，真如向玉琴招手致意，欢迎她的来临。玉琴终于到了抚顺战犯管理所。

当玉琴见到已 10 个春春秋秋没见的溥仪时，突然泪水夺眶而出，边哭边叙述在这漫长的岁月中的经历以及遭受的种种磨难。

但是，溥仪吃着玉琴给的糖块，有点无动于衷似的，可是玉琴依然如故，对溥仪非常关心，温言柔情："好好学习，认真改造，和过去的一切一刀两断，努力争取尽早地成为新人，为祖国的美好多作贡献。"

玉琴回到娘家时，妈妈立即问她一切情况："'康德'现在是什么样？"玉琴："他现在显得人老，可是我绝不喜新厌旧，他现在是战争罪犯，已经一无所有了，但我有双手，只要付出劳动代价，就能丰衣足食，我绝不对他嫌贫爱富，能过上平庸的日子，也就心满意足了，再无别求。"

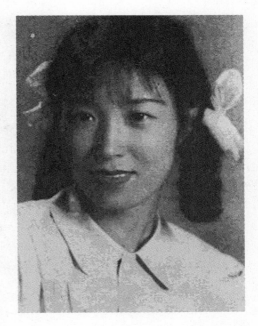

妈妈立即哈哈大笑："四闺女呀，你是李家好样的，你太通情达理了，人说：衣服是新的好，人是旧的好，你这样为人，能受人喜欢。"

我和弟弟李贵及众姐妹都肯定玉琴这样的为人，因为这是高尚的为人，谁也不能非议。

玉琴心怀美好的理想，在两年中千里迢迢，一次又一次地前往抚顺战犯管理所去看溥仪，这主要为了什么？就是希望她的美好理想"金打佛口出"。但溥仪就是守口如瓶，只谈他在苏联伯力战俘营内如何如何，又谈载涛是大干部如何如何。玉琴意识到这是一种托词，面对这种情况她绝不开口乞求，自身的尊严更加重要，特别是强扭的瓜不甜。

众所周知，玉琴为溥仪守节10年，受尽磨难，绝非是舞台演戏，是历史事实。

但是，溥仪对玉琴有婆家为什么不安排去住，造成玉琴到处流浪？为什么丈夫对妻子什么责任也不负？欲意何为？处处对玉琴伤害，致使她悲痛伤心，极为痛苦。

其结局是，劳燕分飞，天各一方，各奔前程。谁是谁非？俗语云：事实

胜于雄辩。

1956 年 6 月，党伸出了热情温暖的手，把玉琴安排到长春市文化局所属的长春市图书馆工作，是国家干部。真是平地鸣雷，我们全家及众姐妹和各亲属都喜出望外，感谢党的关爱、党的恩情，玉琴脚踏实地，埋头苦干，努力工作。

玉琴上班工作约两个月时，对我说："在前几天，吉林省委吴德书记，吉林省周光省长两位领导来到图书馆接见了我，这一下子我又是激动又是荣幸，书记和省长对我很热情、亲切，问这个问那个，这真叫我心里热乎乎的，强止住激动的泪水。"

我和妈妈、弟弟都说："你一定要好好干工作，别给人家领导丢脸。"玉琴表示："妈妈、大哥、二哥，省领导接见了我，我更要把工作干得锦上添花，报答党的恩情。"

　　在这以后，玉琴又对妈妈、弟弟和我说了更加令人喜悦的事，她喜形于色地说："元帅代表团访朝归国在长春停留期间，在南湖宾馆内接见了我，代表团有罗瑞卿同志和夫人、贺龙同志和夫人，以及许多位将军，罗、贺两位首长对我又客气又热情，又让我喝酒吃菜，这种关爱之情，叫我太激动了。罗夫人和贺夫人又和我谈起了家常话，问了我在宫中的一些情况，她们两位一点官太太架子也没有，又说又笑又有温暖，叫人受感动。"

　　妈妈说："元帅是大官，不曾想能接见了你，全家都光荣，你也要当个模范，干出个样回报元帅们的关心。"我和弟弟都眉开眼笑地说："四妹，你的光荣哥哥高兴。"

　　在此以后，玉琴仍然和溥仪通信，而且多次去抚顺看望溥仪。玉琴总是鼓励他改造人生观，彻底和过去的傀儡帝一刀两断，早日成为公民。妈妈背后和我说："玉琴每次由抚顺到家，从没听说溥仪下一步怎么安排和玉琴的事，看她有点闷闷不乐。"

　　1956年底，玉琴从战管所回到了家中，她突然投在妈妈的怀抱中大哭起来，特别伤心难过。

　　妈妈问："这是为什么？是不是'康德'没说好听的话把你气着了？"玉琴哭着说："他和我离婚了。"当时把妈妈气得直哆嗦。"这'康德'真没良心。"

　　我当哥哥的也是特别气愤，玉琴是左等右等，左盼右盼。何长工司令员动员离婚她都不同意，在溥修家中的六年，受尽折磨，受尽打击，仍然坚定地等溥仪，没想到他竟这样没良心。我和弟弟对玉琴都以好言安慰，进行解劝。

　　从1955年后，玉琴共去看溥仪七次，天不遂人愿，玉琴想和溥仪重建家园的理想终于破灭了，这是一场梦。

李玉琴同溥仪离婚后，摄于 1957 年

1957 年 2 月，经长春市宽城区法院对溥仪和玉琴双方签字的材料进行调查后判决离婚。

溥仪和玉琴分手时是心平气和的，关于溥仪的财产方面，玉琴是大仁大义什么也不要。我深感玉琴执着地这样做，多少受着家庭"从一而终"思想的影响，她本身没有一点喜新厌旧、嫌贫爱富的劣性，只是希望能过上一种男耕女织、夫妻团聚、平庸温饱、子孙满堂的生活，也就算是其乐融融了，就是这点小小的愿望也谋求不到。天真纯情的玉琴，悲痛欲绝。

关于溥仪和玉琴双方离婚，我绝不能说对或不对的话，因为溥仪的思想、目的，我毫不了解，不了解就没有发言权。

[编者注] 采访手记：

采访中老人一再重复，新中国成立后玉琴去抚顺战犯管理所看溥仪，只等一句话而终未等来的委屈和愤慨，这样强烈的情感在老人的生命里，已经成了一种"陪伴"。

2006 年 10 月 25 日的《新文化报》刊载：10 月 23 日，溥仪、婉容、谭玉龄在位于河北省易县城西 15 公里的永宁山下清西陵埋葬。在此墓地内埋葬着雍正、嘉庆、道光、光绪和后来的宣统共五位清朝皇帝。

皇后婉容 1946 年在延吉病逝后，找不到尸体，没有她的骨灰，是把她本人照片放入坟穴内，代替骨灰。婉容祖籍是黑龙江省龙江县，达斡尔族，姓郭布罗，16 岁入宫结婚，册封为"皇后"。

前清闹剧终于落下帷幕，溥仪想借侵略者恢复"祖业"，终成一枕黄粱。

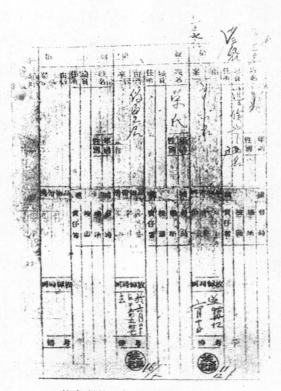

婉容病逝延吉的原始登记表

九、劳动锻炼

1958 年，全市各行各业一批干部下放农村劳动锻炼。全市粮食系统有 30 名干部被下放到一间堡幸福社，我被分配到鸭子张屯生产小队，共八个人。工资由原单位照发，带粮食关系吃自己的粮，农民是分给定量带皮粮食，自磨自吃。

我下放后看见农民兄弟们诚实淳朴，他们为了多打粮食，栉风沐雨，披星戴月，在田间坚持劳动，默默无闻地无私奉献，我要向他们学习，向他们致敬。

夏锄时，我是草苗不分，甘当小学生，不会就学，不懂就问。农民兄弟们都喜欢我，说我是爱劳动的"新社员"。

我在童年时，母亲教育我说："庄稼人在夏锄时，烈日当空，被晒得满头大汗，一个汗珠掉在地上摔成八瓣，吃饭时一粒米也不许糟蹋。一粒粮要经过春播、夏锄、秋收，来之不易。"今天我经过劳动锻炼，才知道妈妈说的话是千真万确。1958 年是大旱之年，各生产小队奋起抗旱，我在劳动锻炼时，也和农民一同奋战，争取粮食丰收。

1959 年初春，全市所有下放干部，集中到长春市国营和平农场内劳动锻炼。农场有园艺队、果树队、奶牛队、养猪队、养鸡队、基建队。

下放干部中有大学教授、记者、中学老师、工厂干部、事业单位干部 100

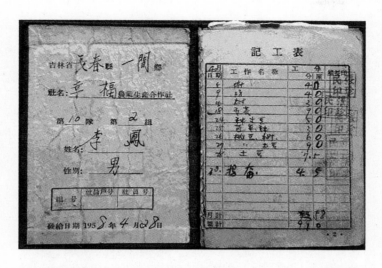

多人，被分配到各队去锻炼干活。我被分配到奶牛队，每天拿大铁镐刨牛粪。这些牛粪经过严冬已被冻得和石头一样坚硬，一镐下去，把双手和虎口震得疼痛难忍，吃饭时筷子都拿不住。

为了活跃文化生活，下放干部和农场组成一个小型文艺队。首先到坦克学校为官兵演出，我拉二胡，记者周金吹洞箫，合奏一首《春江花月夜》。此外有女声独唱、舞蹈、笛子独奏、相声等。小文艺队又到生产小队为农民演出，我吹小号，独奏一曲《我是一个兵》。此外有快板、男声独唱等节目。这两次演出都受到了官兵和农民的欢迎。

在多次节目排练和演出中，农场园艺队一个大姑娘，她竟偷偷地爱上了我，对我猛追不舍。二人终于温度上升，相亲相爱，山盟海誓。非我不嫁，非她不娶。但是，终因人言可畏，她爸爸不同意，我当机立断，各奔前程。

又经朋友介绍一位女友杜晓娟，相处情投意合，我37岁她23岁。她说："虽然你工资不高，可以省吃节用，只要是同心协力，日子会好起来，幸福就在眼前。"

1959年4月，下放劳动锻炼的干部全部调回到原单位工作。我被人事局调到和平农场基建队任基建队采买员。不情愿地服从吧，因为农场距市内15

公里，骑着自行车风吹雨打，三九严寒，也要各处奔跑。这样把我锻炼成为吃苦耐劳的人了。

1959 年国庆节，我和杜晓娟在家中结婚。结婚场面完全是革命化，既没有香烟，又没有水果，也不供饭吃，真叫我难为情。

挚友贾益成用琵琶独奏一曲《春江花月夜》，其他朋友唱了婚庆歌曲，又送了婚庆礼品。

[编者注] 这一年，溥仪特赦释放。

1959 年下放劳动中的李凤（中间一排左二）

十、绝处逢生

1961 年底，我开始在校办工厂工作。校办厂在性质上是自筹资金，自备工具，自找活源，挣来钱发工资，不挣钱单位什么也不管。

我曾在东广民办中学描晒图组、站前民办中学描晒图组、全安公社描晒图组、东盛机械铸造厂、东盛液压件厂、伊通五一公社铸造厂、伊通革命大队铁匠炉、靠山大队铁匠炉、长春第一二四中学铁匠炉、农安伏龙泉镇小学胶垫厂工作，为了养家糊口，我东奔西跑、顶风冒雨地工作。

因为不是"铁饭碗"而是根据社会的需要，凭个人智慧、能力，保质、保量达到用户满意，才能有活干有饭吃。

如前所述，我的发妻李玉梅因身患结核病，久治不愈，于 1955 年去世，终年 31 岁。她生前没享过福，我深为内疚，一直不再婚。

1959 年由友人介绍女友杜晓娟，她喜欢唱歌，我会乐器，堪称情投意合，终于结婚了，她 23 岁，我 37 岁，正在国营和平农场工作，工资 49.50 元，生活很好。

我俩婚后，她也一直因"皇亲"的株连而受到迫害。

杜晓娟经友人介绍在远达运输社当护士，在政审时，因有"皇亲"社会关系，不予采用。

1965 年，杜晓娟又经友人介绍到吉林日报机械厂内任绘图员，工作试用合格，但政审时因为爱人是"皇亲"，不予采用。

杜晓娟受此"迫害"，她把一肚子气一下子都发泄到我身上，又哭又闹，我万般无奈，只好安慰她。

以后，杜晓娟在站前公社描晒图小组当描图员，经常受到用户表扬。但小组内某人非常嫉妒，在"文革"中，某人写大字报："打倒批臭国舅夫人杜晓娟。"

某人主持批斗站前公社"当权派"大会时，把杜晓娟揪到批斗大会台上，又挂上"皇亲国舅夫人"的大牌子陪斗。造成杜晓娟非常痛苦，彻夜难眠。

还有我的发妻李玉梅胞弟李忠奎，高三毕业后，某单位对他试用了三个月，期满合格，对他政审外调，因是"皇亲"而不予采用。我的岳母因她的儿子受"皇亲"牵连找不到工作，她怒气冲天，把我骂得狗血喷头，我不敢回言，只能听之。

因为"皇亲"，我到处受气，只有我的慈母对我同情安慰。

在"文化大革命"期间，因为我有个极为特殊的社会关系，受伪满康德皇帝溥仪的株连惨遭迫害，一言难尽。

　　[编者注] 1967 年，溥仪在京病逝。1969—1972 年，李玉琴全家插队落户到敦化县。

全安十委某主任和群众专政小组成员，给我挂上"皇亲国舅"的大牌子，对我上纲上线狠批狠斗。又勒令我夫妻每天交代罪行，在十委组成的"集训队"内和有这样那样历史问题的人一起天天请罪，勒令无偿劳动达一年之久。因为家中没有收入，逼得卖衣服卖家具，向亲友借钱，每天吃窝头，就连大酱也没有。家中孩子也是愁眉苦脸的，跟着我受了不白之冤。紧接着又迎来一场"上山下乡运动"，有如十二级台风向我袭来，万般无奈，我只好走为上策，只留我爱人杜晓娟在家顶着。十委主任领着群众专政小组、工宣队、娘子军、红卫兵以车轮战术来到我家，口口声声让我全家必须走人，下乡当农民。

我爱人就像"孔明舌战群儒"似的，据理力争。这帮家伙理屈词穷，无言以对，无计可施，只好灰溜溜地失败而退。

"运动"以后，家中百孔千疮，困难重重，缺吃少喝，各亲友们伸出同情的援助之手。

此情此景，我前思后想，认定"困难是暂时的，要看到将来光明的一面。一个人要能屈能伸，摔倒再爬起来才是勇者，是有骨气者。我也是华夏儿女、炎黄子孙，要拿出勇气来向前冲"。

我就是不屈服、不低头、不认输，人生想要苦尽甘来，必须顽强拼搏，天上不会掉下来馅饼。这里走走，那里看看，寻找我要大干一场的宝地。春寒料峭，我步履悠闲，无意中走到了宋家洼子，我预感这是块宝地，大有可为。人的"成功"和"失败"都是自己所为，我只要奉公守法，再加上苦干巧干，总能实现美好的理想，为社会作出应有的贡献。

我来到了宋家公社第六居民委员会，找到了六委主任王素芬，她是公社党委委员。经过双方对话，一致同意办一个锻件厂（**铁匠炉**）。但是，王主任有四个要求：

1. 六委没钱投资，必须由我筹集资金办厂。

2. 六委有人权、财权，辅助工人全由六委安排。

3. 必须每月给辅助工人发工资。

4. 锻工由我负责去找。

以上四个条件，就是六委在各方面都有领导权，什么困难都推到我身上。一无资金、二无厂房、三无活的来源，真是创业难呀。

条件困难怎么办？低头沉思，幸福不会从天降，人生如同上战场。路是人走出来的，路也是人闯出来的，绝不能向困难低头，要让高山低头，让大海让路，把心一横，拼了！

我从弟弟李贵和亲友手中借来200元钱，找来三个锻工，六委安排三个辅助工，又买了锻工用的工具和红炉用的焦炭，在柳影路临街三间破房子内，大家动手修好门窗和漏雨的屋顶，终于有了一个小厂房，定名为工农业锻件厂。

六委定我工资 75 元钱，锻工 88 元钱，辅助工 30 元钱。因为辅助工是家庭妇女，什么技术也不会，只起个招招架架的作用。

我为了激活这个小厂，实现我的雄心大志，自备差旅费，在各城镇内穿来走去，晓行夜宿，住的是最低档小旅店，吃的是路边小吃，半饥半饱，哪怕是百里以外的厂矿，我也不惜跋涉，只磨得满脚大水泡，仍然是马不停蹄四处奔走，苦算什么，没有苦就没有甜。

因为没钱买原料，所以我联系业务必须是代料加工，否则纸上谈兵，一事无成。

我顶风冒雨，眼观六路，耳听八方。每当见到像样的工厂，便带着一线希望，勇敢地冲进去联系，见到厂长先礼后烟，不卑不亢，不软不硬，说明我们小厂加工质量好，按时完成任务。遇上好的人还能以礼相待，听你几句，若是遇上个本来就心烦的家伙，粗言粗语，声色俱厉，两手一摆来个"再见"。多日的努力总是希望渺茫，心里没底儿着急上火，食宿不安，但我冷静沉着，仍然四处奔走。

上天不负苦心人，也是时来运转，我终于在吉林市热电厂找到了活干。

甲方代料 200 公斤直径 30mm 高速钢，要求加工白钢，表面黑皮，双方签订代料加工车刀合同。六委锻件厂用焦炭小红炉把钢材加热，再用人力大铁锤把高速钢锻打成各种规格车刀。车刀热处理，我采用土办法解决，用焦炭炉把车刀加热到淡杏黄色，热度800℃，再把车刀投入到废机油桶内，车刀降温后，用硬度计测硬，车刀硬度 HB59，仅仅是表面黑皮不美观，车工一样使用。

热电厂验收合格，当面转账付款。小厂开门红，当月每人都发工资，工人和辅助工都高兴。他们不知道我付出了多少精力和代价，揽活谈何容易，只有天知道。

我是"吃惯了嘴，跑惯了腿"，又和吉林市内几个机械厂签合同代料加工黑皮车刀，因为质量达到标准，这几个机械厂都是当面转账付款。锻件厂按月发工资，王主任高兴地表扬我："老李，你干得有成绩，再接再厉，为小厂的发展再加一把劲儿。"

当时，我说："王主任，要想这个小厂有发展，首先是主任支持，全体工人一致努力，同心协力，心往一处想，劲往一处使，这样下去这个小厂肯定能发展。"王主任说："老李，我支持你。"虽然初步有了一点成绩，但这和我美好的理想差得太多，为此，我尽全力去奔波，只跑得腰酸腿疼，头昏脑涨，就如同拼命似的。不久，我发现了"新大陆"。在吉林市河南街有一栋挂着"军工办公室"牌子的大楼，我大胆地进入办公室内，一位年约40岁、姓王的同志接待了我。

经我俩对话后，他沉思了一会儿说："你是委办小厂，加工白钢刀工艺难，你们能过关吗？"我毫不犹豫地说："请您放心，我没有弯弯肚子，不敢吃镰刀头。我已经给吉林市内几个机械厂加工了几批白钢刀，这几个机械厂都很满意，您用电话问问吧。"

王同志又和一位年纪30多岁的同志商量了一会儿，然后说："面对军工加工任务，你的厂必须严肃认真对待，必须保证质量，绝不可粗枝大叶，马虎大意，如果干坏了你要负法律责任。"

经过双方一番对话，最后与军工办签订了代料加工的合同。其原料是300mm×300mm×2000mm的大长方高速钢，重量1.5吨以上，其材质是钨18铬士钒。

军工办的两位同志并没有轻视委办小厂，也没"看人下菜碟"。他们态度热情，又客气又认真，是好干部。

我进入军工办从对话到签合同的整个过程，用了120分钟，在此期间，我一支香烟也没给对方，这事办完如同一块透明水晶石，绝没有一个斑点。

我对加工白钢刀虽然是胸有成竹，但也要戒骄戒躁，决心打个漂亮仗。

我是采用"以土攻洋""土洋结合"的措施，对加工的每一个细小环节都已考虑成熟。白钢刀是机械厂的车工们切削各种钢铁部件的刀具，刨床也用白钢刀刨平金属平面或槽型。总之，车床、刨床离不开白钢刀。

此刻，我爱人杜晓娟正在十里堡小学校办厂内工作。她为了我在市内奔波，终于在市缝纫机厂打动了厂长，支援给我们用小台钻改制的小型平面磨床，仅仅花了150元钱，而长春第一机床厂生产的M131型平面磨床代料要3万元。这一下子解决了我们小锻件厂磨白钢刀的平面关键问题。

王主任再三感谢杜晓娟的无偿支援，同时，她也感到为军工生产责任重大，就给锻件厂配备一个女党员周秀文担任仓库保管员。王主任当众宣布由我担任生产白钢刀总负责人兼技术员，我感到这个花环重如千斤，真是压得直不起腰来，只好硬着头皮上任。我一无图纸，二无工程技术人员，责任重大，一切太难了。

我在众目睽睽之下，大胆上台负起重任。我把生产白钢刀方案，全面向王主任汇报，经批准开始生产。

首先，求援一汽集团锻造分厂，用大型油炉把300mm×300mm×2000mm的大块高速钢，加热到一定热度，然后用大型蒸汽锤把高速钢锻压成40mm×40mm方型长条原料。

六委锻件厂用焦炭小红炉把40mm×40mm方形高速钢加热，然后用人力拿大铁锤，把高速钢锻打成各种规格的车刀。

车刀热处理，求援一汽工具分厂，用盐浴炉热处理，这是工具分厂的专业，在长春也处于领先地位。

车刀热处理后，用锻件厂小土磨床（碗形砂轮），把车刀表面磨白，众人拭目以待的白钢刀终于成功。俗语说：有志者事竟成。委办小厂也能生产白钢刀，堪称奇迹，令人刮目相看，说"鸡窝里飞出金凤凰"，这是我个人生涯中"辉煌灿烂"的一页，但仅仅是万里长征的第一步，还要为社会多作贡献。

回忆在生产白钢刀的一连串过程中，我全力以赴，披星戴月，常常是饥一顿饱一顿，马不停蹄，东奔西跑。为了生产出白钢刀，我付出了全部精力。在最紧张的两个月中，每天只睡四小时，双眼熬得红红的，这些我都不在乎。要想干好工作，就要不怕累。上海和哈尔滨是生产白钢刀的老大。人家的白钢刀硬度是 60° -61° ，六委的白钢刀硬度是 59° -60° 。人家的白钢刀表面光洁度用手一摸像玻璃一样光滑，六委的白钢刀，谈不上光洁度，仅仅是表面平整，表面是白色，无法和国营厂的产品相比，可以说是小巫见大巫。什么时候都要说实话。

我每次到吉林军工办公室送白钢刀，军工办都要认真检查，验收合格后当时转账付款。这样，我这颗紧张的心也放松了，饭也吃得香了，觉也睡得安稳了。

六委锻件厂自接受军工加工任务后，已有锻工 8 人，辅助工 30 多人，其中有老头儿、老太太，还有半残疾人两名、"戴帽"分子两名（"右派""反革命"）。这些人按月领工资，他们家住在锻件厂前后院，盼望锻件厂能长久存在，也能有工作，将来能有"劳保"。

因为市五金公司销售白钢刀，供不应求，一些用户各处求援。

有一位解放军同志来到锻件厂求援白钢刀。我和党员周秀文商量后，经王主任批准予以支援。王主任说："机场是要害部门，而且军民是一家人，我们责无旁贷，不能置之不理。"这位解放军同志拿到白钢刀后，满意而归。

十一、亲人光临

第二天，又有一位约 40 岁的解放军干部来到锻件厂，经他自我介绍后，才知道他是空军第一二五部队机场机修厂的主要负责人，名叫许德生，他说："昨天来求援白钢刀的战士是我部队的人。"又表示了谢意。然后许德生同志到锻件厂内仔仔细细参观了一遍。

第三天，许德生同志又领来两大客车解放军干部，要求到锻件厂参观，我和周秀文表示欢迎。这些解放军同志参观后，许德生满脸笑容地说："再过两天，我们机场内机修厂全体官兵再来参观。"我和周秀文都惊奇地问："委办小厂一无长处，有什么可参观的？"许德生同志笑着说："你们白手起家，自力更生，奋发图强，能在极为困难的条件下顽强拼搏，令人吃惊地生产出来白钢刀，太值得我们学习和佩服了。"

对解放军即将光临，王主任极为重视，我和全厂工人们也都感到光荣，全体工人表示，要以优质的产品迎接亲人光临。

王主任责令各车间贴上大字标语："热烈欢迎解放军参观指导""向解放军学习""向解放军致敬"。一下子弄得街道无人不知，大家个个喜笑颜开，情绪高涨，我也自豪兴奋。

在解放军光临的日子，锻件厂全体人员列队欢迎，招手致意，高喊："欢迎解放军光临，欢迎解放军指导，向解放军学习致敬！"当天上午，由王主任在宋家公社大俱乐部内，为前来参观的约 500 位官兵做报告。午间，全体官兵用自带的行军锅自做饭菜，就在马路边小胡同里就餐，我见了此景太难为情，小厂连个食堂也没有，连一壶热水也没供给，太难堪了。

当天午后，全体官兵到锻件厂内进行参观，不知是什么原因，竟把官兵们吸引得目瞪口呆，有时拍手叫好，似乎是这个小厂在没有大、洋、全的设备下，能产出来白钢刀真了不起。

因为国营大厂生产白钢刀，都有以下设备：平面大磨床、大型空气锤、盐浴炉，再加上化验室、工程技术人员、硬度计、资料图纸，这是必备条件。

六委小锻件厂以上条件是一无所有。参观的官兵们也许心中感到我们创造了奇迹。全体官兵临别时，王主任和锻件厂全体人员与部队官兵们握手道别。

我在锻件厂内每走一步，每干一件工作，对锻件厂有百利而无一害，都是光明磊落，更是大公无私、合理合法。

我满腔热血，终于起到了为社会添砖加瓦的小小作用，俗语说：人生就是战场。只要下大力吃大苦，总能苦尽甜来、丰衣足食，也能实现个人的价值。

白钢刀制造成功后，有人说："你什么条件都没有，竟敢伸手接受军工加工任务，真是胆大包天。"

这样说是正确的，因为其中有风险。但是，要想成功地打个漂亮仗，每走一步都要心中有数。在事前要考虑成熟，各方面有充分准备。一句话，只有打有准备之仗，才能成功。前怕狼后怕虎，则将一事无成。

"白钢刀"在工业行业里是盛开的美丽鲜花，辉煌灿烂，香飘满园，令人陶醉。

但是，突然间一阵狂风骤雨无情袭来，花叶飘零，令人触目伤心，一言难尽。

突袭灾难

1972 年秋天，以站前公安派出所的所长史某为首，从社办厂、委办厂内抽出来约 15 人，组成"批修整风工作组"，来到宋家公社六委开展"批修整风运动"。

史某急匆匆地在锻件厂召开全六委的委办小厂大会。他满脸阶级斗争的狰狞面孔，趾高气扬，自高自大，声嘶力竭地大喊大叫道："我们工作组是为搞阶级斗争而来，是大抓阶级敌人的。六委的委办工厂阶级斗争极为激烈，皇亲国舅也混进来，上蹿下跳，夺了大权，竟把军队都勾进来，为他涂脂抹粉，真是胆大包天，现在把你抓住了看你往哪里跑……"

史某讲话完了，六委工人都不了解真相，一下子把目光投到我身上，好像我真有问题，会场内鸦雀无声，真是山雨欲来风满楼。

这时，我面不改色，神态自若。因为我最了解自己是何许人也，我在解放前后，就是没干坏事，我在锻件厂干工作没有违反政策，也没有违犯法律，关于社会关系，是日本帝国主义关东军之流造成的。我有什么可怕的呢，不干亏心事，不怕鬼叫门。那就骑驴看唱本——走着瞧吧，只有笑到最后的人才是胜利者。

"运动"开展不久，史某竟为我办了"通勤学习班"。他到全安测量仪器厂，把正在好好工作的杜晓娟不容分说当场逮捕，羁押在宽城区公安分局拘留所内看管，当天晚上，抄了我东三道街的家，又抄了我在六委的家。

我有两个家是为了更好地完成工作任务，上下班方便，在六委找房子临时暂居，我领两个孩子，户口也转到宋家派出所。

抄家的人，闯进我家，面目凶恶，气势汹汹，当时10岁的女儿和8岁的小儿子吓得紧紧抱住我，什么也不敢问，一句话也不敢说。但我心中非常安定，没做亏心事，不怕鬼叫门。

这几个丧心病狂的家伙，不容分说，立即翻箱倒柜，只弄得底朝上，把我和孩子的衣服件件查看，孩子书包内的书也一一查看，但一无所获，抄家者又用洋镐把屋地刨得乱七八糟，仍无所获，又把做饭的大铁锅，叫我拿到地上，他们用手电仔细查找，然后用一根铁筋用力向炉炕内乱插，仍没发现"罪证"。抄家者气急败坏，迫不得已，又把厨房内的一吨煤翻得满地，只累得满头大汗，嘴里乱骂不休，还对我怒目而视："你赶快坦白交代吧，我们对你从轻处理，否则对你严加处理。"

　　这几个抄家的坏蛋败走时，我的两个孩子才敢放声大哭起来，我更是万分痛苦难过，面对此景，我赶紧把两个孩子哄睡，否则孩子想念被关押的妈妈，一旦哭起来，再有病怎么办？

　　看着被翻得乱七八糟的家，我触目悲伤。我非常愤怒，忍着痛苦，首先把孩子的书本整理好，又把我和孩子的衣服装在衣箱内，然后又把刨得高低不平的屋地平了又平，尽全力把这一吨煤重新堆到一块，只累得精疲力尽，全身是汗，上气不接下气，我只好喝碗凉水压压。此时估计已是深夜两点了，因为次日我必须起早给孩子做饭，否则会影响孩子上学，天下的父母都望子成龙，我也不例外，不知不觉在痛哭中，昏昏沉沉地睡着了。

　　我的众姐妹和弟弟李贵都来看望我，对我安慰，玉琴说："大哥，都是我，连累了你，对不起……"我赶紧说，他们没有找到任何"罪证"，也就证实咱们是清清白白、堂堂正正、无辜的人，不用担心。

　　这次抄家，真是一场噩梦，一辈子也忘不了。杜晓娟被关押，又勒令我进"学习班"，把我们夫妻分离开，一个在内一个在外，又派出人员去关内外进行外调。

　　自我进入"学习班"之日起，我的工资由75元降到30元，又勒令我不许离开六委管区内，不许去邻居家走访，不许接见亲友，只许老老实实，不许乱说乱动，违犯则加罪。

　　在"学习班"上我被攻击，那些人拍桌子瞪眼睛，如同对待犯人一样审问，东来一脚，西来一拳，大帽子铺天盖地像狂风骤雨，步步紧逼，莫须有的罪名叫人心惊胆战，真是没有喘息的工夫。

　　"我们已经掌握了你身为皇亲国舅时干的大量坏事，已有许多材料在手。你要像竹筒子倒黄豆那样一下子倒出来，你要快刀斩乱麻。你就是花岗岩的脑袋，我们用炸弹也能炸开，你就是最狡猾的狐狸也逃不出猎人的手心，历次运动你都跑了，今天终于抓到了你，赶紧坦白交代，争取从宽处理。"

　　我被无休无止地逼供，抓住"皇亲国舅"的大辫子诱供，有时直到晚上8

点钟才让我回家，我被折磨得精疲力尽，回家走路都没劲，还要给两个挨饿的孩子做饭吃。

自从我进入"学习班"后，别人都不知道我有什么问题，锻件厂的工人及邻居们碰见我时，不但不敢和我说话，相反离我远远的，恐怕受到牵连，我能理解也不怨恨他们。

我的小女儿淑明，一见我到家就问长问短，知疼知热，她天天收拾屋子又帮我做饭。她说："工作组太坏了，我真恨他们。"

我工资降到 30 元，生活突然变得紧张，只有主食，没有副食，两个孩子太委屈了，我是孤军作战，无依无靠，我想总会真相大白，重见天日。我被审问逼供，重点有四个方面：

1. 当年溥仪给了我家什么珍品？

2. 采用什么手段拉拢的军队来参观？

3. 军工办订合同给多少好处？

4. 你身为"皇亲国舅"时干了多少坏事？

我被围攻的三个多月，感到精神疲倦，身体劳累受不了，我担心一旦再被折磨出一场大病，爱人又在关押，两个孩子怎么办？

我只能下决心破釜沉舟，义正词严地回答问题。

1. 当年的溥仪，在我胞妹李玉琴入宫后，关于字画、古董、古玩、玉器、房屋、土地什么也没给，实在不相信，请各位从骨灰盒内，把溥仪找出来问个清楚。

2. 空军第一二五部队机场的机修厂，是自愿来到锻件厂参观的，没有个人因素，更没有拉拢手段。解放军是国防力量，神圣不可侵犯，是光明正大的人民军队，你们必须收回对解放军的诬蔑和原则上的错误言语。

3. 关于吉林军工办，是双方在阳光下签订的代料加工合同，绝不是用好处拉拢干部而办事，如果不相信，你们鼻子下有嘴，自己去问个清楚。

4. 我没用所谓"皇亲国舅"的名义干坏事。

我的问答，招来了更加猛烈的攻击，这是为什么？我何罪之有？我怀着一颗赤子之心，日夜拼搏，攻关陷阵，白钢刀试制成功，令人赞不绝口，我没有功劳也应有苦劳，太叫人伤心。

我冒着天大风险，接受军工任务，是为了小厂的发展，是为了都有就业机会，是为了奉献微薄之力，难道这些都是错误！如此不讲理，是什么目的？

我本无名小卒，竟被"特别关照"，被抓住"皇亲国舅"的大辫子，狠批狠斗，这狂风骤雨实不堪忍受，叫我痛苦流泪。真是活得太苦了，太苦了！既然已到了山重水复疑无路之际，不如一走了之，一切都摆脱了，不会再有痛苦。

我回头看见两个可爱的孩子，他们叫我牵肠挂肚，而且孩子是祖国的花朵，是祖国未来的希望，从任何角度看，我也不能轻生。一旦轻生，会被说成"畏罪自杀"，我思想斗争极为激烈，一支烟一支烟地猛吸，人生之路如此艰难。不！我下定决心，拿出男子汉的骨气。

我感到党是光明正大的，党的政策既不冤枉一个好人，也不放过一个坏人，有了党我什么也不怕。而且群众眼睛是雪亮的，也是一股不可忽视的力量。

我又想，如果我平安无事，可以扩大白钢刀生产量，再大干一场，会有更多人就业，从哪个角度来看都是好事，我这样往宽处一想，心情就好起来了。

同胞关心

我的大姐在"运动"中，不怕"工作组"的威胁，光明而来，威严而走，胞弟在难中怎能视而不见，因为大姐最了解我的为人，一点坏良心的事没干，她知道我是被冤枉的、是受委屈的，总来看望和解劝。我的兄弟姊妹们，都对我很关心。

大姐一个人过日子，家住新民胡同，大姐夫是国民党少校军官，黄埔军校毕业，在关押劳改中。

大姐下班后，不顾天寒地冻，急急忙忙来看望弟弟。她回家，屋内没有暖气又没有火炕，冷冷清清的太受罪了。大姐的恩情我永远不忘，大姐已走了30多年了，我每年都给大姐送"钱"（纸钱）。春节之际，大姐给我买来白面、大米、猪肉、白菜、粉条、水果、糖块、瓜子，又拿来众姐妹和弟弟资助的钱，除夕之夜亲手给包饺子，又给我们炒菜吃，真心实意对我好，谢谢您，亲爱的大姐，我永远怀念您！

大姐在深更半夜才回去，两个孩子因为想妈妈脸上没笑容，我心中更不好受，除夕之夜，千家万户欢聚一堂举杯共祝，可是妻子被关押受审，我心中的痛苦怎能和孩子说呢！孩子们愁眉苦脸地进入了梦乡。

我走出门口，只见天上几点寒星，向我微微致意，好似表示"太阳快出来了，你会见到光明"。

我回屋正要睡觉，意外的是六委韩主任在后半夜悄悄地来了，给孩子拿来苹果和糖块。她说："老李，运动刚开始，不知道你有什么问题，不敢和你接触，特别是有人怀疑军队来参观是拉拢干部。都说你辛辛苦苦地把厂办起来，是有成绩的，让你上‘学习班’天天审问，太不公平了。经过批斗大会，我一听你啥事也没有，这才敢来看你，千万别见怪，你要沉住气，你没有事，什么也别怕。”

结局各异

轰轰烈烈的“批修整风运动”，在宋家公社始终找不到大问题。春节后搞“运动”的大批人员，又转到别的公社去开展“运动”了。

我仍然必须天天去到宽城区政府附近的一处空房，对我的审问更加严厉了。

大约一个月之久，他们看我没有交代问题，又气、又恼，又大发脾气，“你太顽固，我们早掌握了你的大量材料，是等你主动交代从宽处理，你一再不老实，我们的耐心是有限度的，否则严加惩处。”

我也是忍无可忍，把心一横，慢言慢语地说：“各位同志，几个月以来，各位什么活也不让我干，每月又发30元工资，对我太关心、太照顾了，像你们这样的好人天底下不多，你们的好心，我终身难忘，各位也别客气，如果有我的犯罪材料请公布于众，我关押判刑命该如此，各位看着办吧。”

不久以后，宽城区委军代表董同志来到宋家公社，找了公社干部，当场宣布我和杜晓娟在锻件厂“经内查外调没有犯罪行动，没有任何错误，解除‘学习班’，是好公民，完全自由不受限制。史某关押杜晓娟时没向上级请示，没经批准，把她关押153天，从今天起无罪释放”。

当天杜晓娟被释放了，她获得公民权而自由了。

杜晓娟一进入家门就泪流满面，儿子和闺女一下把妈妈搂住：“妈呀，妈呀，太想你了。”妈妈和孩子抱在一块儿大哭起来，这时我也伤心流泪，这人为的灾难几乎造成我家破人亡，今天全家团聚，感谢区委的关心。

我的兄弟姐妹都来看望杜晓娟，对她安慰劝解又买来好吃的，大家吃上团圆饭。

我和杜晓娟在"运动"中，我被关在"学习班"，她被"关押受审"，我俩已成患难夫妻。

[**编者注**]关于"运动"和平反，经过几次努力，都未能再有新的补充。

十二、风暴过后

　　我们伟大光荣正确的党，力挽狂澜，一举粉碎了"四人帮"。一天，我在大街上巧遇空军第一二五部队机场修理厂的许德生同志，犹如他乡遇故知，又高兴又激动，一下子抱住了他，热泪盈眶。

　　许德生同志对我在运动中被抓住"皇亲国舅"的大辫子，又被抄家又被批斗，深表同情，他说："你们这儿批修整风工作队曾到我单位进行外调，我们听其言观其行，是来者不善，要对你下狠手。其语言含义是机场的机修厂到锻件厂参观是通过了什么社会关系，和谁相识。更令人气愤的是，是否有那些拉拢、贿赂。外调者认为像你们这样的小厂，一无设备，二无厂房，又无任何特长，这参观是给某个人进行涂脂抹粉，我们气急了，当时就把外调者轰走了。但是，外调者仍不甘心，又两次到我们部队外调。"

　　许德生同志又说："我们机修厂全体官兵到你们锻件厂参观，是经部队领导集体讨论研究后作出的决定，部队的行动不是一个人说了算的。我们解放军，绝不和个人套私人关系，我们实事求是地强调了，部队去参观没有个人关系存在，更没有别的问题，最后外调者非常不满意，但没有办法，只得无功而返。"

　　许德生同志又深有感触地说："人不可貌相，海水不可斗量，你们委办小厂也有光辉灿烂之处，也有吸引力，值得我们借鉴。工作队的确是怀着某种政治目的而来，只可惜他们没能如愿。"

　　许德生同志又介绍说："我们部队机修厂在参观后，曾停产三天，全厂官兵进行热烈讨论，争先恐后发言，一致表示要学习你们锻件厂白手起家、顽强拼搏和'蚂蚁啃骨头'精神。那次参观对机修厂全体官兵启发很大，在生产中起到了极大的推动作用，达到了我们参观的目的。部队绝不是去给委办厂涂脂抹粉。我们永远不会乱说，要对问题负责任。"许德生同志的一番话，终于揭开了谜团，水落石出，真相大白。

玉琴经过"插队"落户，又被调回到原单位工作。她立即到家中看望大哥大嫂。她给我俩买来许多食品，又资助钱又以好言安慰。玉琴说："党的政策是既不冤枉一个好人，也不放过一个坏人。虽然在运动中别有用心的人胡说八道，捕风捉影，没有事实根据，但是野心者们一定会失败的，最后党要给你下一个正确结论。你俩要振作精神，放心去干工作，只要在工作中仍然是兢兢业业、扎扎实实，前景会好起来的。"

严冬已过，大地回春，党的温暖春风吹到我的身上，是党伸出关爱的手，一次又一次给我落实政策。

我深深感谢党的大恩，也感谢党的各级组织，更感谢为我落实政策东奔西跑的同志们。

首先是宋家公社党委，为我夫妻二人平反，召开了平反大会。当场发给一份平反材料，平反材料上面加盖着宋家公社党委公章和宽城区政府街道办公室公章。

平反材料内容为："李凤不够皇亲国舅，也没受过皇亲国戚待遇，推翻莫须有的罪名，推翻不实之词，给予平反……"给杜晓娟补助了 400 元钱，也给我补助了 200 元钱。

其次是南街公社党委，为我召开平反会，当场发给一份平反材料，加盖南街公社党委公章。平反材料内容为："……抓住'皇亲国舅'的大辫子，斗争是错误的……"

平反大会

在平反之日，我满怀喜悦和爱人杜晓娟早早在平反会场外等候，恰好风和日丽，晴空万里，气候宜人。这时，我举目四望，真是有缘千里来相会，我看见六委的王主任、傅主任、韩主任以及周秀文同志又说又笑缓步而来，我和杜晓娟迎上去，嘘寒问暖，一一握手。王主任（是公社党委委员）喜形于色抢先说：“老李，今天是给你平反的喜日，我太高兴了。想当初你到六委办厂时，我一手支持，但因白手起家，困难重重，你毫不退缩，顽强拼搏，小锻件厂干得轰轰烈烈，特别是六委内的困难户都就业了，曾受到公社党委的好评和支持，小锻件厂干得劲头可大了。但是，有人用‘批修整风’的特权，‘工作队’的特殊身份，抓住‘皇亲国舅’的大辫子，对你栽赃陷害，无中生有，诬陷你官兵来参观是拉拢干部，他梦想把你整垮，达到升官发财的目的，结果失败到底，自找恶果。”

这时，傅主任、韩主任都说：“在运动中，某人曾找我俩，问这个又问那个，但因我俩不知道，他气势汹汹地叫我俩靠边站了，这种情况好像和你同流合污似的，我俩又憋气又窝囊。今天给你平反，真相大白，水落石出，我俩不但出口气，也扬眉吐气了。”

此时此情，周秀文同志突然泪流满面，她哭着说：“有人在运动中也曾找我问话，就如审问一样，又拍桌子，又大喊大叫，对我威胁逼供，焦点是：‘皇亲国舅’夺了六委的大权，又拉拢军队干部来参观。因为这样大事，我一点也不能瞎说，他一无所获，就怒气冲冲对我喊：我等你觉悟过来，对他揭发检举，立功受奖。”

见此情，我对她安慰：“你的立场坚定，为人正直，我非常佩服，也谢谢你的关心。但事过境迁，这一些都成为历史了，让这些污泥浊水，付诸东流吧！望你多多保重。”

我们进入会场时，喜气洋洋地向参会的人们招手致意，参会的人们喜笑颜开，他们也向我招手致意。

上午9时，宋家公社党委一位同志在落实政策平反大会主席台上，满面春风地发表讲话，台下的人们几次热烈的掌声打断了讲话，他讲完话后亲手交给我一份平反材料，我激动得热泪盈眶，立即高呼，中国共产党万岁，万万岁。我面向参会的人们深深鞠躬行礼，又立即响起热烈的掌声。

散会之际，参会的人来和我握手，也有人向我招手致意。大会的场面始终是欢乐的。

谁是国舅？

根据爱新觉罗·溥仪的证实材料称：

在清王朝统治时代，只有皇后的父母兄弟。

至于皇后以下的"皇贵妃""贵妃""妃""嫔""贵人""常在""答应"，她们的父母兄弟，谈不到有什么待遇问题了。

溥仪

1967 年 2 月 13 日

1922 年 10 月，溥仪与郭布罗·婉容在紫禁城结婚时，她被册封为"皇后"。

溥仪在伪满任康德皇帝时，婉容仍是"皇后"。婉容之父荣源是"国丈"，曾任伪满棉花株式会社的经理，但日本人掌权。

婉容之长弟，郭布罗·润良任伪满皇宫的侍卫官，为"康德皇帝"工作。

婉容之次弟，郭布罗·润麒任伪满陆军中校官，他受日本人的领导而工作。

润良和润麒二人是中国最后的"皇亲国舅"，再无第三者。

李玉琴被"康德皇帝"溥仪册封为"福贵人"之后，我仍是一介草民，全家在政治上、经济上没有一点变化。

全国政协赵亚新处长和我对话时，他说："按清朝规定你不够国舅级别……"

宋家公社党委与宽城区政府街道办联合给我写的平反材料上称："李凤够不上皇亲国舅，也没受过皇亲国戚待遇……"

南街公社党委为我平反的材料称："……抓住皇亲国舅大辫子斗争是错误的。"

诸位，因为受到"康德皇帝"溥仪这一特殊社会关系株连，造成我磨难重重。为了养家糊口，我一直背着沉重的"皇亲国舅"大包袱，风里来，雨里去，谈何容易。

但是，我终于迎来春风送暖，阳光普照，我衷心感谢亲爱的党伸出温暖关爱的手，把我从苦难中拯救出来，从此有了生活出路，无忧无虑地贡献力量，我要以微薄之力，添砖加瓦，回报党的恩情。

杜晓娟被无罪关押 153 天，导致失业和全身疾病。经市信访办公室孙主任（不知全名）亲自过问，又亲自办理，一次性补助 5000 元。

杜晓娟因无辜被关押，久病不愈，无奈英年早逝，享年 53 岁，令我万分痛苦。她生前为我生儿育女，为了全家生存，风风雨雨，饱受风霜，没有享福，我在年节给她送"纸钱"，以寄哀思。

党的十一届三中全会后，吉林省委第三书记宋洁涵亲自过问，由长春市

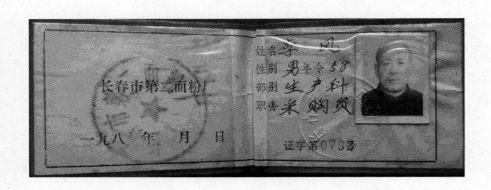

委统战部出面办理，给我落实政策，我终于迎来"柳暗花明又一村"。

1980 年底，我又回到了长春第二面粉厂生产科工作。我有了正式工作，全家老小有了生活出路，饮水思源，一定要干好工作，一定不辜负党的厚爱。

生产科李智书记为人正直，平易近人，对我多方关心、鼓励、照顾。李智书记对工作认真负责，月月能完成工作任务，是全厂的楷模，生产科的同志们都对他满意。

二面粉厂新建一个大型粮食桶仓，急需大型工字钢 400mm × 400mm × 8000mm 长，大型无缝钢管直径 400mm 口径 8 米长。若这两种钢材买不到，大桶仓无法建成。粮食是宝中之宝，是人的生存必需品，是关系到国计民生、国泰民安的大事，大桶仓必须建成。

生产科领导把购买钢材的任务交给了我，其难度之大犹如大海捞针。然而养兵千日用兵一时，我就是跑断了腿累折了腰，也要千方百计地完成这项艰巨而光荣的任务。

我马不停蹄，四处奔跑，天天碰钉子。这两种大型钢材一般的厂矿没有。为了完成任务，我累得满头大汗，腰酸腿疼，心如火焚。

我终于发现了"新大陆"。大型工字钢是在一汽集团解决的，大型无缝钢管是在市供热公司解决的。

一汽和供热公司，抱着全市一盘棋的高尚姿态无条件支援，真的叫我激动不已。

我只靠迎难而上的精神和达不到目的不休止的干劲，既没请客吃饭，更没送礼，真是清如水明如镜，解决了大难题，完成了工作任务，受到了表扬。

二面粉厂举办全厂文艺会演，我用手风琴给生产科参赛者伴奏，为生产科争来荣誉。

我的女儿李淑明参赛长春粮食系统文艺会演，她用手风琴自拉自唱女高音歌曲，也获得一等奖，给二面粉厂争来荣誉。

　　以后她调到一汽集团解放艺术团，在一汽举办的全国声乐大赛中，她又获得花腔女高音一等奖，一汽奖给她一套住房。

　　[编者注]采访手记：

　　关于小女儿李淑明，李凤专门写了一篇小文章，但是离本书主题尚远，没有收录进来。

图为1986年李凤、杜晓娟和子女合影

十三、情深意厚

20 世纪 80 年代中期，我终于找到了大哥李金和二哥李玉的居住地点。

当机立断，我决定不顾山重路远去探亲。远在 20 年代，我和大哥、二哥同在一个屋住，同在一个桌上吃饭，那是我美好的回忆。

我和爱人在北京换火车之际，首先到全国政协探视赵亚新处长，他热情地接待我俩。赵亚新满脸笑容地说："关于李玉琴以念书为名被骗入宫，其性质是关东军强迫民女事件，你们不该受到批判。按清朝规定你不够国舅级别，汉族都不知道这个问题。事过境迁，大家已经太平无事了，会越来越好，安心过幸福生活吧。"

当天中午，赵亚新和另外两位副处长在政协小宴会厅内，盛情地招待了我俩一顿丰富的午餐，赵亚新又热心地给我俩买来火车卧铺票，我们双方握手告别。

我和爱人到了山西省闻喜县内，找到大哥家，见到了久别的大哥、大嫂、侄儿、侄媳，大哥体弱，大嫂半身不遂，我心中难过，千言万语难以表达手足之情。

侄媳说："李福臣（侄儿）在'文革'中，被挂上'皇亲国戚'的大牌子批斗，全家吓得寝食不安，不知如何是好。以后平反了，他又当上热电厂的厂长了。"

大哥一家不知道，我在"文革"中因为这个"皇亲"特殊社会关系，遭受多少灾难，一言难尽。我千里迢迢来看望大哥和大嫂，只能是报喜不报忧，只能谈论高兴的事儿，党对我们落实政策，我们要干好工作，回报党的关爱。

我和爱人又贪黑起早，匆匆忙忙来到关外兴城，找到了二哥家。但是，大失所望，二哥和二嫂早已过世，真没想到在 50 年代一别，竟成为终生诀别。

二哥是农民出身，他一生勤劳节俭，默默无闻，是我的楷模。二嫂是二哥的贤内助。

侄儿李福君是个优秀党员，在某厂工作，夜大毕业。侄孙女李冬云在高中毕业后，考上政法大学，毕业后被分配到海南任法官。她以后下海，在民营企业任法律专职人员。人各有志，对事情的看法很难一致，我也无可奈何。

十四、春风得意

1990 年，长春市人民政府人事局给我办了干部离休手续，又发给一个国务院印制的《中华人民共和国老干部离休荣誉证》。这是我的终生纪念珍品，已经收藏起来。

我几经磨难，历尽沧桑，尝尽了人生的各种滋味，而今又笑对人生了。

我在离休后，立即找二面粉厂长申请，要求按省、市有关文件规定解决离休干部住房困难问题。

我从 1948 年起，居住条件很差，院内地平面比室内高出半米，每到雨天，总是淘水大战，否则室内就成了小型游泳池。

我居住条件太困难，厂长虽然派人亲自到我家查看，而且情况属实，但是，没能为我解决困难。最后，我的女儿淑明在 1994 年给我解决了住房，从此，我不再受住房气了。

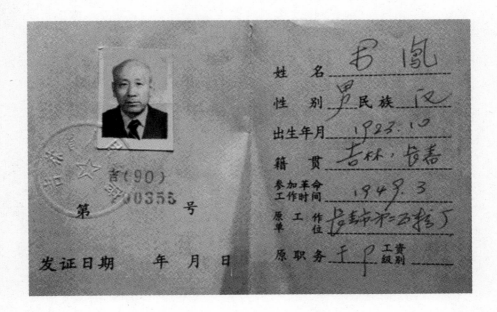

1999 年冬天，经人介绍我和吴秀君结婚。

2001 年冬天，我终于喜迁新居了，是我大女儿给我交的全部进户费。

新房是一室一厅 40 平方米，卫生间、小厅、厨房、暖气、家电一应俱全，从此欢度晚年。

李氏家族三代人都有音乐细胞。我的胞妹玉琨（下页图，50 年代）唱女高音，家有钢琴；我的大闺女淑兰唱民歌，家有钢琴，其子大胜会弹西班牙指法吉他；我的儿子春城会拉二胡；我的孙子李昊会吹大巴斯（管乐低音部）；我的小闺女淑明唱花腔女高音，会用手风琴自拉自唱，会弹钢琴，她的儿子宋洋会吹小号、会弹钢琴，他能指挥 50 人的管乐队吹奏；宋洋之父是声乐老师，会作曲，能指挥大合唱，会弹钢琴，家有钢琴和两把小号；我会吹小号、拉二胡、弹电夏威夷吉他、弹秦琴、打扬琴，我家里也有一些乐器。

我现在平辈人有妹妹玉琨、弟媳，晚辈是儿子、侄儿、外甥、外甥女、孙子、侄孙、侄孙女、侄重孙、外重孙、外重孙女，妻子，享受人生大团圆最为幸福。

李氏家族和众亲属，犹如永不凋谢的花朵，群芳灿烂，兴旺发达。

十五、党的厚爱

　　玉琴自从在图书馆工作后，曾多次告诉我许多令人高兴的好消息，玉琴说："有许多领导和中央首长先后接见我，对我十分关怀。"

　　接见玉琴的中央首长有：邓小平、李先念、李维汉、李富春、杨尚昆、周扬、陆定一、罗瑞卿、包尔汉、贺龙、薄一波、刘伯承、何长工、蔡畅、康克清、李真等。

　　还有吉林省委书记吴德、赵林，省长周光、栗又文、于克，省军区司令员苏俊禄，长春市委书记宋洁涵、李一平，市长陈钟、李承锟等。

　　我问玉琴说："邓小平是中央书记处总书记，是在什么时候、在什么地点接见你的？"

　　玉琴说："是在 1978 年吉林缺雨大旱之际，邓小平来到长春，当时公务

特别繁忙，他去各处视察时，竟亲自叫我坐在轿车内。在行程中，小平同志与我亲切交谈，我都如实汇报了，因为小平同志对我的关心厚爱，当时我激动得热泪盈眶。"我听了玉琴说的好消息，心中也是热乎乎的，感动地说："邓小平同志是中央书记处总书记，在百忙中接见你，是党的关怀，是党的厚爱，是你极大的光荣，也是我们李氏家族的光荣，我们要加倍努力干好工作，回报党的大恩情。"

1966年6月，"文化大革命"开始了，风云突变，形势紧张，步步逼人。长春市图书馆成立了"文革"小组，玉琴是靠边站对象。我家和兄弟姐妹以及众多亲属都因"皇亲"受到了冲击。

我大姐李志洁（下图右二）被贴大字报"康德大姨子"，戴上高帽又被批斗。我爱人杜晓娟（下图右一）也被贴了大字报"打倒批臭国舅夫人"，被戴上高帽又批又斗。我的小女儿对妈妈杜晓娟说："妈呀，皇亲是个啥玩意儿，太坑人了。我当红小兵也不让。"我的叔伯侄李福臣在关内工作，党员，也被挂上

了"皇亲国戚"的大牌子批斗。我发妻的弟弟，高中毕业，某单位对他工作试用期三个月，试用合格，但在对他外调后，因为"皇亲"而停用。

由于形势太逼人，杜晓娟曾去找玉琴问她："我在 1959 年和你大哥结婚，我是续弦竟受了迫害，你要对我负责。"玉琴连说："对不起。"杜晓娟一定让玉琴找地方解决这个问题。我母亲也发了言："应当去找'康德'，叫他把事说清楚。"经商量大家口径一致，决定去吉林省委上访以求解决。

当我们一行三人到了省委时，是省委一位同志接待的，他说："你们看省委各办公室都被红卫兵占用了，我们只能在走廊办公，关于你们受'皇亲'社会关系的株连问题，省委解决不了，你们上北京找中央解决吧。"又立即给开了省委的介绍信，还给了路费。我们于 1966 年 11 月去京上访。

玉琴和杜晓娟到了北京后，经各处上访，最后是全国政协沈德纯同志亲自接待，沈老听了玉琴的申诉后同意解决，首先叫玉琴去找溥仪，澄清玉琴在宫中的全部事实。此刻，溥仪正在医院住院治病中，因为形势所逼，玉琴和杜晓娟不得已前往。

[编者注] 真是一段悲伤的记忆，李玉琴在回忆录里用长篇幅进行了记录。

玉琴和杜晓娟见到了溥仪后，是在和风细雨中对话的，溥仪听了她们两人和别人受到了他的株连时，则表示对不起，同意澄清玉琴在

宫中的事。最后是沈德纯同志责成溥仪，为玉琴写一份关于她在宫中的一切经过材料。其证明材料如下：

一、李玉琴入伪宫的由来经过

谭玉龄死后，日寇的大特务头子吉冈安直为了进一步操纵我，提议找一个日本女性做我的伴侣。当时我固然是早已死心塌地甘当日寇的忠实走狗，但再"忠实"的奴才也有怨恨他的主人的时候。我在"自保"的心情下，恐怕在伪宫内府内也有了吉冈的"眼睛"，可又不敢公然拒绝，就采取了拖延的办法。后在无可再推的窘况下，就借口自己固然素来不抱民族成见，但亦须以"爱情"作为主要条件，不能局限于什么民族问题，就以此作为唯一的挡箭牌。我当时的内心是想找一个年岁小、容易听我摆布的女孩子，才可以摆脱吉冈的逼迫。于是我让吉冈从长春的红卫（女优）小学校中强要来年幼的女学生的相片，供我选取。结果看中了李玉琴。就在入宫读书的欺骗幌子下，以伪皇帝的绝对压力，把李玉琴架入虎口。过了一个月之后对李宣布她的进宫实际上是让她伺候我，还封她为"福贵人"，也就是给了她以清王朝时代第六等的皇帝"御用玩物"的称号。我为了能够完全控制她，也和过去对待谭玉龄一样，首先订出了限制她的二十一条。主要的条款是：强迫她绝对无条件地"完全遵守清王朝的祖制"，必须从思想深处绝对服从我，一切言行都是得顺我的旨意去做，任何事不得擅自处理——即使给自己的父母通信，也得先得到我的批准，一定要遵从"三从四德""三纲五常"的封建道德；她须永远忠实地伺候我一辈子，只许我对她不好，决不可她对我丝毫变心；即使在思想偶然起了不该起的念头，也须立即向我揭露和请罪，否则就犯了"大不敬"的极大罪恶，除须甘受处分外，还得甘受"天打五雷轰"的天罚；不许给娘家人求官求职，不许同娘家和亲人见面，不许私蓄一分钱，不许打听外事——包括政治方面的活动等；此外尚有不许说谎，不许隐瞒思想，甚至见我时不许愁眉苦脸之类的条款。总之是把束缚她、防范她的办法，从肉体到精神都做了周密的规定。

对于李玉琴的父母家属也另定了"六条"的限制办法。例如，不许他们对外泄露和我的关系；不许求官、求职、求钱和房屋土地；不许来看望李玉琴，也不许李玉琴回家探亲；不许假借我的名义关系做什么事情；如果我有命令必须绝对执行。我之所以要定下这种限制禁令目的就是要把李玉琴做我自己的驯服的"玩物"，处处都是为自己的统治地位、个人私利着想，完全没有想到别人身受的痛苦灾难。凭借汉奸头子的罪恶势力，对于一个纯真的少女，使出威胁、欺骗、束缚、防范的种种卑鄙手段，不但摧残了她的青春，而且使她终身都受到我的罪恶影响，不但李玉琴本人这样，就连她的父母兄弟姊妹，以及她的孩子亲戚的几代人都在我的影响下背负皇亲国戚的恶名。他们在当时不但没享受到"皇亲国戚"的特权，就连和我见面的"资格"都没有，归根结底他们都是一些受害者。

二、我对李玉琴所定的二十一条和对她家属定的六条的目的

我所以要对李玉琴定出二十一条和对其家属要定出"六条禁令"的目的，就是假借伪皇帝的势力，精细入微地把他们束缚得结结实实，只许他们乖乖地任凭我摆布。光以皇帝的势力还怕不能完全支配了李玉琴的心灵深处，更假借神佛的迷信彻底控制她的思想意识。为什么在定出二十一条之后，还必须在佛前立誓焚表，还必须让她写一服从到底的誓言？就是让她被我永远掌握于手掌之中。可是李玉琴在当时的情况下，并没对我完全屈服，写出一个"死"字作为精神上的抗拒，这是我到现在才体会到的。总之对于李玉琴是为要使她的肉体和灵魂完全为我个人服务，使她只有终身供我玩弄的绝对义务，而不给她丝毫的权利。如上项二十一条禁令中的"绝对遵守祖制"就是拿封建专制家庭中

的最大帽子，把她扣住，使她无有半分抗拒余地；再用"三从四德"之类给她
套好"紧箍咒"，使她从身体到灵魂都得无条件地服从我；再把她和家庭随便
通信、随便往来的缺口堵死，以便控制她一辈子；不给她以经济上的独立自主，
以便使她永远摆脱不了和我的从属寄生关系；此外"杜渐防微"地定好不许给
娘家人求官、求职，不许干预外事的条款，甚至还明文规定不得以愁眉苦脸对
我之类，那就更是为了整个地控制她的缘故。对于她的家属所以规定六条，那
就是以禁令的压力，杜绝李玉琴的外援道路；同时也使李的家庭只能乖乖地贡
献出女儿来，而不能由女儿身上从我处找到丝毫好处、得到任何权力。如六条
之中的"不准对外泄露和我的关系，不许求官求职及金钱物质利益"，就是让
他们从女儿身上不能捞到任何好处；"不许探望女儿，不得接女儿回家"，就
是使他们的骨肉关系等于断绝，而使李玉琴在第六等姬妾地位中甘任我的玩弄，
使李的家属绝对不可能得到妃嫔家属——"皇亲国舅"的外戚地位。

三、李玉琴在伪宫的生活情况

我对李玉琴可以说是从来没有给予任何权力，不要说在政治地位上，就
连普通最起码的家庭生活权利也一点没有给予她，如不使她有钱财上的自由。
此外在她穿戴上也是如此之类。也就是我对于她没有任何夫妻感情的一系列的
表现。我之所以让她"进宫"只不过是为了搪塞吉冈和为自己玩弄而已。这还
不算，还使她身边的保姆随时监视密告她的一举一动，更使我的妹妹也负上对
她监视指导之责。至于她的学习那就更谈不到，只不过是拿"三从四德"的封
建思想来腐蚀她的灵魂，为让她能够"安心立命"地当我的"玩物"而已。这
和我让她吃斋念佛都是相辅相成的手段，一句话就是要为了达到完全控制她的
目的。

四、李玉琴在宫中所受的种种限制

李玉琴在伪宫中的生活可以说是没有一点自由。她只能在她住所的范围内行动，多走一步就是出了当时"内外防闲"的范围，便是违背了"三从四德"的范畴，便是违背了祖训家法。她所能够日常见到的人，也只限于我认为可以放心的族弟、侄子的爱人的最少限度之内——当然包括担任监督之责的指定妹妹在内。还不只此，还有担任经常监视她的"眼睛"（她的保姆之类），都必须随时向我反映她的情况。至于我和她的见面，则是在我高兴时，也许到了深夜临睡之际，才到她房中去开开心，让她唱唱歌或逗弄她一会儿，便算是完成了一次夫妻的会面。在我不高兴时也许连日不去搭理她，甚至还会申斥她，用笤帚疙瘩打她。当我发完脾气之后，还本着二十一条的"不许对我愁眉苦脸"的那条强使她"破涕为笑"地讨我高兴。可以说她在伪宫中的日常生活全是在这样的环境中度过的。我不但玩弄了她的宝贵青春，还使她到现在还要背上"皇娘"之类的黑包袱，这就是我给予她的一切一切。

五、关于我给李玉琴哥哥李凤安排伪警长伪职问题

我在给她家的六条之中，本来定有不许求官求职和金钱的一条，可是为什么我又安排她哥哥当伪警长拉他下水呢？第一是由于吉冈对我建议：现在她哥哥没有工作，可以给他一个事做；第二是我所以点头认可的缘故就是他求官求职固不许可，由我主动"恩赐"则无妨。我当时的思想是，吉冈既是这样说我答应了，既可给吉冈面子，我也可以博得"加恩"之名。现在我认识到，这是我把人家硬拖下水。他当时既没有受到"皇亲国舅"的礼遇，可是却背上了"皇亲国舅"黑锅。而且由于我的缘故，六条中的"我有命令必须绝对执行"的条项，使他没有抗拒的余地，这是我从心里认为对他不过的。

六、我和李玉琴的家属的关系

在我对他们所定的六条之中，曾着重强调了"不许来探望李玉琴"一项禁令，但为了"赐恩"起见，曾在我的高兴之下，也有过临时特别许可，使李玉琴的父母可以偶然来见女儿一面。其实所谓的探亲，实际上等于"探监"一样。在我派出的监视眼目之下，其父亲只能在限定的楼下一室中，见到女儿一面，匆匆说几句话，就得离去；其母亲虽然许可上楼到女儿房中一见，但同样是在监视之下，也只能谈一些"冠冕堂皇"的对话，而不敢道出母女间的知心之谈。至于李玉琴的兄弟姊妹，则根本谈不到见亲人的可能。因此我对李家可以说是除了李玉琴之外，没有见到任何人，也没有给她家以任何好处。除了使他们饱尝骨肉分离的滋味以外，真可以说是什么好处也没有。在过去封建王朝的宫廷生活中，连所谓"皇后"尚须向我跪拜，何况下属第六位的"贵人"，当然更谈不到和我的亲戚关系了。

七、所谓"皇亲国舅"的问题

在清王朝统治时代，所谓够得上"皇亲国舅"资格的人，只有皇后的父母兄弟。如皇后父亲可以封一个公爵，他的儿子也可得一些"差使"之类。至于皇后以下的皇贵妃以至于妃嫔算不上什么"皇亲国舅"。至于"贵人""常在""答应"则是比宫女稍高一等而已。至于他们的父母兄弟则更谈不到有什么待遇的问题了。

溥　仪

1967 年 2 月 13 日

下面是全国政协"革命造反"指挥部在溥仪证明材料上签署的意见。

1. 溥仪写了一本书《我的前半生》经李玉琴等提出批评，认为此书内容错误甚多，并有好些是"毒草"。溥仪表示诚恳接受批评，并愿病愈后做深刻检查。此书发表时所领的稿费 4000 元已于去年退交政协机关。

2. 李玉琴于前些时候经吉林省委介绍前来。由于全国解放 17 年来，当地某些领导群众，不了解李玉琴和溥仪结婚完全是受溥仪压迫而对她和她的家属进行批判，要求溥仪给李玉琴写一证明。我们认为这一要求是合理的，已责成溥仪把当时经过写出，以便李玉琴向当地领导群众交代。现溥仪已经写出，我们认为情况基本相符，交李玉琴带回。特此证明。

全国政协"革命造反"指挥部（公章）

1967 年 3 月 2 日

玉琴和杜晓娟回长春后，满以为全国政协批示的证明材料完全能解决问题。出乎意料，玉琴被贴了大字报"批倒批臭伪满皇娘"，又被抄家，抄家者当场把玉琴在宫中照的许多相片和溥仪双方的通信资料强行拿走。这些抄家者对全国政协批示的材料竟听而不闻，视而不见，扬扬得意而走。

不久后，玉琴又被勒令进了文化系统学习班，她的胸前被强行戴上了"阶级异己分子"的名签，成了被专政对象，天天请罪，日夜交代，如果对问题认识不上去，"群专"拍桌子、瞪眼睛、声嘶力竭地叫喊，说："你顽固不老实，不交代、不认罪，对你一定严惩。"

玉琴被逼无奈，就上纲上线写了认罪材料说："我在宫中住的高楼，锦衣玉食，那是吃了人民的肉喝了人民的血，罪不可赦。"玉琴才被放回家中。

后在 1969 年 2 月，玉琴夫妇二人"插队"到敦化三公里外某生产小队落户，走上了"五七"道路。

我和爱人杜晓娟非常惦记玉琴，就到玉琴的农村之家看望她，玉琴看见兄嫂来临又高兴又欢迎，每餐给做可口饭菜。

"文革"期间，李玉琴全家插队到敦化县大桥公社兴发大队

1972年1月，大哥大嫂前来兴发大队看望李玉琴，大嫂用老式127照相机为她摄存了这张照片

我看见玉琴住的新房还可以，有大玻璃窗户，有大火炕，屋内及厨房有30平方米。小卖店、粮店很近很方便，她有吃又有穿，每月有工资，所以她满意。

玉琴说："我下乡后一切都逐渐适应了，农村大自然风光好，又有树林空气好，是人生美的享受，请兄嫂放心。"我风趣地说："如果农村好你就扎根吧，因为我们的祖先都是农民，而且都身壮体强，'插队'是你难得的机会呀。"

玉琴竟笑了起来："第一我不会干农活，第二农业方面我是不懂的，否则我愿在农村生活。"我们又说又笑，都认为当农民最辛苦，顶风冒雨，实在是不容易，农民朋友令人同情。

玉琴到农村后，把家安排好，就和左邻右舍的邻里们经常唠嗑谈心。农民羡慕城市能住楼房，做饭方便、交通方便、电影院多、饭店多，又有自来水。玉琴说："农村空气好，天天能吃新鲜青菜。"总之，城市和农村各有好处。玉琴说，她曾为失学的小学生资助了学费，另有一位年高的农妇，因患严重气管炎，她也资助了药费，受到乡亲们好评。我说："玉琴，我支持你做爱的奉献。"

玉琴插队结束时，村中一大群人来欢送，把玉琴送到返城的载重大汽车上，一一握手告别。以后她单位分配了很漂亮的楼房居住，因而接待外宾和记者就方便多了。

党的十一届三中全会后，党组织对李玉琴又很器重地委以重任，她在1983年当上了市政协委员，在1988年又当上了省政协委员。

她有机会能在政协会上参政议政，献计献策，共商国家大事。她心情很好，认真工作，埋头苦干，不辜负党的厚爱，出色地完成了肩负的使命。

玉琴工作繁忙，总有海内外记者采访，电视剧和电影《末代皇帝与皇妃》拍摄时编导也就一些情节找她咨询。

玉琴有时休息回娘家就和我闲谈往事。

1988年国庆节，玉琴回娘家看望我，恰巧二弟李贵也高高兴兴地来看望我，我的乐友也来看望我，他们都给我买来许多可口的食品。

杜晓娟对他们的来临很高兴，客客气气地接待，还切了大西瓜，大家边吃边闲谈往事。

玉琴说："大哥、二哥、大嫂，在不久前，我的两位女同学从台湾回到了故乡长春，她俩在探亲后，经过多日的寻觅，终于把我找到了，又把我邀请到了一家大宾馆内，我们促膝谈心。因为我们从1943年一别，已经40多年没有见面了。当我们见面时，一下子就拥抱在一起，热泪盈眶，情同亲人一样，这久别重逢的心情太激动了。我们有说不完的话，有谈不完的心，我们几个人谈得特别投机，甚至把吃饭都忘掉了。"她们对我说："玉琴妹妹，我俩在台湾早已有消息，听说你在长春市图书馆工作，很受国家重视，我俩真没想到。你虽然是最后一个'皇妃'，可是共产党对你一点不歧视，还当了干部，又当上了政协委员。共产党对你真是又关心又爱护，我俩为你高兴。愿你工作锦上添花，全家幸福。"她俩又说，"因为坐飞机不能直达长春，来一趟不太方便了，有朝一日坐飞机能直达，我俩能经常到长春来看望你，再一块玩玩，旧地重游那该多么好啊。"玉琴对她俩说："两位姐姐，我希望海峡两岸早日和平统一，我一定到台湾，喝喝日月潭的水，再到阿里山参观游览，再给台湾父老乡亲们问好！"那两位同学也表示："两岸同胞都是炎黄子孙，都是中华儿女，应当早日成为一家，来来往往，再携起手来，共同努力，使两岸明天更美好，这是最为理想的了。"玉琴又说："我的两位同学来也匆匆去也匆匆，良宵苦短，知心话说不完，我们互相勉励，互相祝愿，难舍难离，最后握手告别。"

玉琴把情况向大家介绍后，在场的人都说："你的两位同学回大陆一次真不容易，对你的关心真是难得呀。"

李贵说："玉琴妹，如果台湾回归祖国怀抱，你要去台湾回访这两位同学，你再邀请台胞们到东北欣赏长白山、松花江的美景，分享东北特产。台胞们该多么满意又高兴啊！"

　　玉琴听了以后说："二哥，但愿我们的理想早日实现，两岸共同富强繁荣起来，我们的祖国也就会更加强大了。"

　　大家话题又转到国庆节，今天是国庆节，我们应当尽情欢乐，杜晓娟说："玉琴，听说你歌唱得好，你为大家唱吧。"

　　玉琴受大家的鼓励，唱了一首30年代的歌曲《月圆花好》，我的闺女淑明手风琴伴奏、儿子春城拉二胡，我弹吉他伴奏。《月圆花好》是电影《西厢记》的插曲，原唱者周璇，玉琴唱道：

浮云散，明月照人来，

团圆美满，今朝最清浅池塘，

鸳鸯戏水，红裳翠盖，并蒂莲开，

双双对对，恩恩爱爱，这软风儿向着好花吹，柔情蜜意，满人间。

　　由于玉琴心情舒畅，唱得自然动听，赢得人们一阵阵热烈的掌声。

　　玉琴说："二哥，你唱支雄壮有力的歌曲吧，因为你是木匠，一定能把工人阶级的气概唱出来的。"

　　李贵唱的是《咱们工人有力量》。由我拉手风琴给他伴奏，李贵的歌声嘹亮又雄壮有力，博得了大家的掌声，屋内气氛更加活跃起来了。

　　玉琴又说："大哥，想当年在我'进宫'前，我受了你的熏陶，学会了许多30年代的流行歌曲，你是音乐爱好者，希望你也表演一下，让我们一饱耳福。"

　　今天是家人朋友的聚会，真是想好好玩玩，在众人面前我哪能不给面子和他们同乐呢！我用手风琴自拉自唱了一首30年代歌曲《秋江忆别》。原唱者严华，歌词是：

荷花枯焦，在水面漂流，黄花朵朵含笑在枝头，太阳才下山月又上柳梢头，黄昏时候旧地重游。

想起当初别离我的知心友，

我的姑娘，我怎么能够舍得让你走，如今留下孤单的一个我，

我的姑娘，我怎么能够忍住泪不流。

当年月夜携手江心荡小舟，如今分散可还能聚首，

去年今夜别离时候泪儿流，千言万语还记在心头。

春残夏去又到秋，

我的姑娘你怎么直到如今还不回头。落花随水向东流，我的姑娘你可别像那流水永不回头。

当我唱完歌，玉琴说："大哥，你真了不起，手风琴拉得好又唱得好，几十年前的歌词也记得准确，我真的佩服你。"

杜晓娟在一旁插了话："玉琴，你大哥不但手风琴拉得好，当年他吹小号是高手，他弹夏威夷吉他、拉二胡、弹秦琴都很受欢迎，经常有同志邀请他去演出，他可是个大忙人哩。"玉琴开玩笑说："大嫂，我今天要当众揭开一个谜底，我大哥堪称文艺人才，不但是个干部，长得漂亮又富有魅力，对人又和蔼，你爱上了他，如获珍宝，你就猛追不舍，非他不嫁，对吧？"

杜晓娟脸一红："大家别听玉琴瞎说，你大哥也是看上了我。不说了，我给你们做饭去。"大家一阵笑声过后，不一会儿，杜晓娟做了一大桌子热气腾腾的饭菜，香味扑鼻。大家欢聚一堂，举杯同庆，幸福安康。

玉琴说："今天我们吃上如此丰盛的饭菜，真是幸福，曾记得在童年时，不过年吃不上一顿饺子，特别是我在念书时，家中日子总有困难。所以今天我特别关心下一代的成长。在不久前，我曾为'希望工程'和'水灾难民'献了爱心，虽然我捐献的钱不多，但也表示了一点心意，也是公民应尽的义务。"

李贵说："玉琴，你的行动，为咱李家争了光，我高兴，向妹妹学习，来来

1985 年兄妹三人合影

李玉琴在娘家留影

东三道街家中合影

来，我俩干一杯，祝你工作顺利，健康长寿。"

晚饭后，我们开了个音乐会，杜晓娟叫闺女淑明再亮歌喉，为大家带头。淑明用手风琴自拉自唱的是《我爱你中国》。她确实身手不凡，不但琴音流畅，而且歌喉和专业歌手不相上下，令人赞叹。玉琴说："侄女，我早知道，当年你受过名师指教。你在一汽集团的解放艺术团内，是出了大名的花腔女高音，而你又在业余声乐大赛中，获得两次一等奖，这是咱们李家的光荣。这是你勤学苦练的结果，希望你再接再厉，以后唱得更好。"

杜晓娟说："玉琴，淑明在音乐方面大有希望，她也是你大哥的接班人。"在场的人都认为杜晓娟说得对。

玉琴又说："《我爱你中国》这首歌真好。我们为什么爱我们的国家？因为我们伟大的祖国是我们的父母之邦，是我们的家园。今天，我们祖国又像是一颗光辉灿烂的明珠，光芒四射。大哥，淑明，咱们应该为祖国的美好而尽情歌唱。"

玉琴的话大家都赞同。我说："玉琴，你说得对，说到我心里去了。"

乐友们也都有出色的表演。

最后我提议，玉琴、李贵、杜晓娟、乐友、春城、淑明同唱一首《歌唱祖国》。由淑明拉琴伴奏，我们雄壮嘹亮有力的歌声、琴音，此起彼伏，欢乐场面叫人难忘，大家过了一个欢乐、有意义的国庆节。

我说："玉琴、李贵、乐友们，你们多来欢乐几次，大家乐和乐和。我衷心欢迎你们。"

玉琴半真半假幽默地说："大哥，我服从命令，听从指挥，以后，我们一定要比今天玩得更愉快。"

但是，天不遂人愿，玉琴自1996年开始患有肝病，她虽然住院治疗，可是收效甚微。后来玉琴的病势逐渐严重，我心慌意乱，整天愁苦不堪，不知如何是好。我为了玉琴康复，各处奔走寻找良医，终没成功。

　　2000年底，玉琴住院时，出现了神志不清、不认人的情况。玉琴的病势危急了，我急急忙忙地把侄儿李春阳（李贵之子）叫到了医院，又把儿子春城、闺女淑兰、淑明，外甥女康秀兰，姑爷王玉柱、宋士杰都召集到医院，由春阳安排对玉琴全面护理。此间有关领导和有关人士也去看望，他们出钱出力，很感动人。

　　春阳是个好孩子，在玉琴病危期间，他不顾自己工作忙，为缓解玉琴的病情做了许多工作。

　　其他亲人护理玉琴，也是一丝不苟，无微不至，都通宵不眠守在玉琴身旁。

　　我的闺女淑兰，当她接到了我的长途电话后，立刻由深圳飞回长春，她顾不上一路疲劳，也顾不上和我见面，从机场坐汽车直达市中心医院，就和众晚辈们投入到护理玉琴的事务中。

　　真没想到玉琴的病势竟有好转，也脱离了危险，她的神智也清醒了。不但能和别人说话，也能吃点东西要水喝了，谢天谢地。春节前夕，玉琴办了出院手续回家过春节，淑兰已近20年没和我们一起过团圆年了，她就跟着玉琴去她家中，寸步不离地护理玉琴。

　　玉琴在春节后病情又进一步好转了，淑兰感到已完成对玉琴（四姑）护理的重任，元宵节后，她回深圳了。

　　但是，在淑兰走后，玉琴的病情又有反复，逐渐加重。我们在药店买药，在家中给玉琴打吊瓶治疗。她儿子天天上班，只有保姆护理她。这时，我的三位姐姐和弟弟早已去世，治疗玉琴的重任落到我肩上，我天天东奔西跑寻找名医给玉琴治病，但这些大夫都说："患者因腹水肚子大是肝功能已失效，吃啥都不吸收，打针吃药也不吸收，肝病已到晚期，实在无能为力。"这个结论让我心凉了半截，着急上火坐卧不安，恳求菩萨保佑她康复。

　　我心急如焚，忧心忡忡，又去探视玉琴，可喜的是玉琴的病情稍有缓解，说话也有点劲儿了，她表示要和我聊聊。她说："大哥，岁月无情催人老，我已 73 岁，你 78 岁，我俩早已红颜披白发了。回想过去，好像做了一场大梦，令人伤感。童年时，你拉二胡我就唱，我们跳绳拍皮球，天天在一块儿又玩又乐，真成了无忧无虑的天使。现在我病魔在身，已好几年了，心烦意乱不知如何是好。"没办法，我只能安慰她："玉琴，你的病情已有好转，一天天会好起来的，你康复了，我拉手风琴你唱歌，大家欢欢乐乐在一起，你会健康长寿的。"我鼓励玉琴说："人要是笑口常开，对身体大有益处，你今天笑了又笑，这对你的病情能有缓解作用，准能好转。"

2001 年 3 月初，我去看望玉琴，她饮食难进，语音微弱，体瘦如柴，成了一个皮包骨的病人了，此时玉琴已经是病入膏肓。

我目睹胞妹有了大灾大难，只急得坐卧不宁，寝食不安，背后流泪，怎么办？我恳求大慈大悲救苦救难观世音菩萨，睁开慧眼救救我的胞妹李玉琴

吉林省政协七届五次会议期间，李玉琴委员为迎接香港回归挥毫

吧！请保佑她脱离危险，快快康复吧！李玉琴是个仁慈善良的人哪。

公元 2001 年 4 月 24 日上午 9 时，玉琴的心脏停止跳动，与世长辞，享年 73 岁。

玉琴患病期间，党和政府多次为她拨款治病。

李玉琴逝世后，省、市政协，统战部，民革，市图书馆，市文化局等单位领导，众亲朋好友参加了遗体告别，4 月 25 日火化。

我作为李玉琴的胞兄，衷心感谢社会各界。

李玉琴是最后一个"皇妃"。她在新中国成立后，满怀热情走入了祖国的建设行列中，由衷地拥护中国共产党，热爱伟大的祖国，热爱社会主义。

李玉琴妹妹，有一定的文化素养和觉悟，是与共产党和人民对她的培养和帮助分不开的。

她的一生虽然没有光辉业绩，但她尽到了对党和人民应尽的义务。

李玉琴（左二）委员在小组会上

十六、我的晚年

音乐夺魁

我在离休后，为了欢度晚年，弘扬广东音乐，经常和乐友李树森、沈瑞岑、贾益成、何士宾、翟玉普、郑士杰、刘士喜、杨同喜共奏广乐。

1990 年深秋的一天，从凌晨起就下起了淅淅沥沥的雨，直到中午雨仍是不住，真是秋雨潇潇秋风凉，人们感到了丝丝的凉意，我无奈在家中弹起了吉他，排解寂寞的时光。

我正弹得情绪高涨时，忽然第二面粉厂老干部活动室郭强同志来了。他通知我说："你代表二面粉厂的老干部，参加全市粮食系统文艺会演选拔赛，给咱厂露个脸儿。"

一生中让我最喜欢的就是音乐，我更想给二面粉厂争来荣誉，就同意了郭强的要求。当时，我想一个人弹吉他太单调，就随他去邀请已有 50 多年交情的乐友何士宾，由于我俩情谊深厚，他也毫不犹豫，满口答应。

我在选拔赛中，弹夏威夷吉他，参赛乐曲是《南岛傍晚》和《潜海姑娘》，何士宾是打扬琴名手，在演奏中我俩配合默契，我临场发挥了吉他的演奏水平，结果入选。在选拔赛后，粮食局老干部处董处长，当场发给中选者奖品，奖给我与何士宾每人一件高档衬衫，然后在大饭店内招待我们一顿酒席。我参选节目中选后，增加了主办人对参加全省大赛的信心，要把我的节目作为参赛的"撒手锏"。董处长把参赛者召集在一起，他要求："每个节目要再'深加工'，精益求精，演出高水平，为粮食局争光。"

会后，我感到身负重任，因为是全省老干部会演，强手如林，如果只凭一般演奏水平，难以夺魁。为此，我又邀请几十年前的老搭档何士宾、贾益成、杨同喜、冯礼、贺清和我六个人参赛演出。

　　我虽然有多年演奏广东音乐的经验，但要想夺魁，必须在演奏水平上达到无可挑剔的境界，使观众产生心理共鸣，为此，我们从零开始认真排练。

　　董处长支持我们在老干部会议室内排练，再用一个月时间加强对乐曲精练，我们六个人在排练中，对乐曲每一个音符、每一拍、每一小节，音色强弱，乐曲速度都认真排练，认真修正，以达到"内行"认可、观众满意的水平。

　　董处长每天给我们提高午餐水平，给我们买水果，又特意给我们六个人各做一套西服，真是太重视了。

　　排练时，由于我们六个人演奏与众不同，乐曲音色悠扬，婉转优美，经常把楼上、楼下办公的同志们吸引过来，细品广东音乐的神韵，一饱耳福。劳资处柴处长说："这广乐真好听，我们都被迷住了。"

　　中午休息时，楼上来了几位同志，其中有一位年轻的女同志，要求我用吉他弹一曲《红梅赞》给她伴奏。没想到她的嗓音够标准，又有表情和动作，我俩配合十分成功，赢得了掌声。这位女同志又唱了《牧羊曲》。

　　我们经过一个月的精心排练，终于迎来了吉林省首届离休老干部文艺会演大会。

　　演出当日，由董处长带队，粮食系统的各位参赛者都穿演出服，满怀信心、喜气洋洋地来到长春市老干部活动中心的演出大厅，600个席位已无虚席，电视台的工作人员已架好录像机，准备为文艺节目演出录像。

　　在演出中，我代表长春粮食系统坐在舞台正中央，其他五位乐友坐在舞台右侧。

　　我弹夏威夷吉他，何士宾打扬琴，贾益成弹秦琴，杨同喜拉高胡，冯礼拉小提琴，贺清拉低胡。

　　参赛乐曲有：《孔雀开屏》《落花天》《杨翠喜》《雨打芭蕉》。这些广东名曲深受欢迎。

在演出中，由于我久经沙场，冷静沉着，耳听八方，节奏准确，有柔有刚，优美动听，再加上我们六个人配合默契，每当一曲演奏结束，全场观众都报以经久不息的热烈掌声，还有人高喊："再来一个。"我们在台上演奏时，台下观众被乐曲吸引，寂静无声，只有演奏完一曲后，台下才突然有人叫喊，拍手叫好。

演出后，我被记者和观众围住："你弹的吉他真是太动人啦，跟哪位名师学的？"有一位小伙说："我要拜您为师。"

这次演出，我们的节目征服了各位评委，他们一致认为我们的表演是无可挑剔的好节目，竟给评了一个特等奖，有奖旗、有奖状、有奖品，我们终于为长春市粮食局争得最高荣誉。

广场粤韵

长春市人民广场位于市中心，交通四通八达，是晨练的好地方。每当东方欲晓，人们由四面八方来到广场，晨练者有打太极拳及练各种气功的，还有扭大秧歌的，真是人来人往川流不息。夜幕降临后，有到广场内来唱京剧、评剧、二人转的，有乐器独奏、合奏的，还有男声、女声独唱，等等，男女老少都是无偿献艺。有时老外也到广场凑热闹，人们东走西看，听这个又看那个，都特别开心。我在离休后，除晨练打24式太极拳外，也经常和李树森、何士宾、沈瑞龄、贾益成、郑士杰、林长青、张勇、贺清、杨同喜、刘士喜、王大夫、老苏头、韩学林、韩剑云、丛贵、刘汉、柏金详、刘泽贤、王心明、王胖子、老宗、丰收、大阵、小常、沈中泽、赵陆、常开明等乐友，自带乐器在人民广场合奏广东音乐，真是玩得开心快乐。可惜乐友们已经先后离世十多人。

我从1985年起直到2000年底，在人民广场经常和老搭档李树森、何士宾、沈瑞龄、贾益成、林长青等乐友一同演奏广东音乐，说实在的，我们的演奏水

平真的不一般，也吸引来了众多的知音。每当我们演奏起广东音乐时，观众除了市民还有老外，把我们围得里三层外三层，水泄不通，有时我们热得满头大汗。演奏高潮时，连老外也乐得拍手鼓励。我曾在电视上看过，中国乐团在维也纳音乐大厅演奏一曲《步步高》，台下老外掌声不息。可见，广东音乐已经走向世界。

有一天，市委副书记邢志同志在广场听我们演奏几曲后，他说："广东音乐不但悦耳，而且清雅。"

一次，我奏完一曲音乐时，在围观人群中有一个漂亮的女大学生，要求借用我的吉他，想露一手。当着众人面只能给面子，何况我可以取长补短。女大学生是弹西班牙指法，弹的是《莫斯科郊外的晚上》和《红莓花儿开》，弹得很好，围观的人中尽是大呼"再弹一首"，女大学生脸也红了，好像不好意思。

女大学生说："我跑遍全市买不到像您这么好的吉他，请您协助一下吧。"

言外之意她想买我的吉他，她又给我留下电话号码。她原来是吉林艺术学院学琵琶的学生。

在人民广场内尚有几支歌队，其中有一支歌队经常唱30年代的歌曲，而且总找我用手风琴给伴奏，这些歌曲是《天长地久》《扁舟情侣》《秋水伊人》《何日君再来》《天涯歌女》《天上人间》《四季相思》《四季花开》《凤凰于飞》《可爱的秋天》《可爱的早晨》《月下佳人》《春风秋雨》《五月的风》《金丝鸟》《渔家女》《相思曲》《送情郎》《卖杂货》《送君》《交换》《秋辞》等佳曲。他们爱唱，我愿无私奉献，真是两相情愿，我何乐而不为呢？而且大家都是欢欢乐乐，喜笑颜开，这也是人生健康长寿之法宝。

金秋乐章

2004年，正当桃李盛开、百花吐艳、春光明媚之际，我和妻子吴秀君踏青，享受美好的大自然景色，享受新鲜空气，以达到健身的效果。路上，巧遇塘子天乐社区的刘书记，她满面春风地说："李老您好，我想请您参加我们社区业余艺术团，您同意吗？"我考虑艺术团距离家较近，就同意和老伴都去参加。我俩每周去活动两次，她唱得较好，我伴奏水平较高，何乐而不为？

芦迪是艺术团团长，合唱队约30人，乐队有二胡、板胡，我拉手风琴，每周活动两次，我会的中外歌曲多，伴奏得也较好，很受歌队和社区的欢迎。

6月29日，一位《巷报》记者来到社区排练室对我采访。在6月30日把采访内容在《巷报》上刊登（下页图为配图），其大字标题是《末代皇帝大舅哥今年82》，其内容是我在社区活动的情况。

我是为了老有所乐，为了发挥余热，不想出风头，但是，新闻报道有他们的自由，我只能听之任之。

有一天在社区练完歌后，我又拉起手风琴，刘汉和王心明拉中胡演奏几

首广东音乐，借机过过瘾。突然来了一位 60 多岁的男人，他说："我家住对门三楼，听见你们拉的《孔雀开屏》，又好听又迷人。"

又有一天，社区活动，翟玉普打扬琴，杨同喜拉高胡，刘玉钢拉椰胡，王心明、刘汉拉中胡，我弹夏威夷吉他，我们六个人演奏了几首广东音乐。只见一位 50 多岁的男人进了排练室内，仔细听了几首乐曲，他说："我在楼下打'吊瓶'时听到你们的演奏，真好听，这美妙的旋律引人入胜，叫人耳目一新，真是美的享受。"这个人走了后，团长芦迪说："这人是我邻居，是南关区委宣传部病退干部，他会拉二胡。"

1987 年，我曾在长春市老干部活动中心艺术团乐队广乐组弹夏威夷吉他，结识了杨同喜，自此后我俩结成音乐之盟，多年友好往来，非同一般。

2004 年，应杨同喜的邀请，我参加了长春九三学社业余艺术团乐队，经常玩广乐。

李尚仁教授是九三学社成员，他是艺术团的团长。

艺术团里都是有名望的专家教授，他们虽然都是年逾花甲，可都不甘寂冥，本着老有所乐、老有所为的宗旨创办了艺术团，把知名度较高的在广东音乐方面有专长的乐手们邀集一堂，不断地努力提高演奏质量，为音乐欣赏者作贡献。

李尚仁对我弹夏威夷吉他的独特音色有浓厚兴趣，对我也很器重。我为艺术团补充了新的血液，也增加了活力。活动每周一次，我和爱人吴秀君同去。

在一个秋高气爽、万里无云的日子，李尚仁邀请广东音乐老手们来到九三学社机关，其中有翟玉普、贾益成、刘泽贤、杨同喜、韩学林、王心明、王启华、刘汉、贾丽文、狄忻，再加上我和李尚仁，真是群英荟萃，欢聚一堂，大奏仙乐，饱尝人间天堂滋味，其乐无穷。

演奏乐器有高胡、中胡、低胡、扬琴、秦琴、椰胡、琵琶、夏威夷吉他、大阮、中阮、大提琴、三弦、木鱼。

众乐友们在演奏中全神贯注、聚精会神，真是八仙过海各显其能，都发挥了各自乐器的专长，互相合作，抑扬顿挫，回旋转折，节奏稳健，完美呈现了广东音乐传统风味及特色，成了一次精湛广乐的峰会。演奏的有《昭君怨》《小桃红》《三潭印月》《钗头凤》《寒江落雁》《雨打芭蕉》《平湖秋月》《落花天》《双飞蝴蝶》《焦石鸣琴》《锦程春》《杨翠喜》《相见欢》《满园春色》《步步高》《烛影摇江》《旱天雷》《娱乐升平》《上海行》等观众喜闻乐见的乐曲。

委婉动听的广东音乐，多少年来是我们的国粹，在国内外享有盛名，爱好者大有其人。但是它已经今非昔比了，苦练的人不多，而且广东音乐大有被改得"面目皆非"的潜在危险。

桑榆暮年，我本着老有所乐的宗旨，还在不断地探索广东音乐的精髓，更多地培养出有希望的人才，使这一国粹后继有人，让我快乐暮年，如美丽的夕阳，红红火火，让广东音乐千古流芳。

再忆亲情

我家祖祖辈辈都是庄稼人，我的爹爹李万财（1948 年围困长春，病饿死在家中），从小给地主放猪，在成年后又给地主扛大活，每日起早贪黑，非常劳累，谈何容易。一切家务都落在妈妈身上。

我的慈母刘福德，1974 年去世，享年 84 岁，一个从旧社会走来的慈祥善良的老太太，吃了一辈子的苦，我很想念她。

妈妈为了全家的生存，亲自动手在院里种菜，让家人能吃上青菜，又养鸡鸭鹅猪，整天忙忙碌碌，东奔西跑，总没有休息时间。如果孩子病了，家中没钱看病，妈妈就用土办法，拔罐，扎针，用大麻籽和胡萝卜籽给孩子的身上前前后后揉搓。俗话说扎针拔罐子（病）不好也去一半，母爱真伟大。

腊八时，家家户户都杀年猪，可是我家在杀年猪后，先把猪肉卖了一半，妈妈用换来的钱给孩子们买点布，因为农历大年即将来到，要给孩子们做上新衣服穿，可是妈妈自己仍然穿着旧衣服。其余的猪肉也不是全家大吃大喝，要留在正月亲友们来串门时，能做上几样好菜。我妈妈在过日子中总是精打细算，一分钱也不浪费，如果去求借她觉得寒碜。

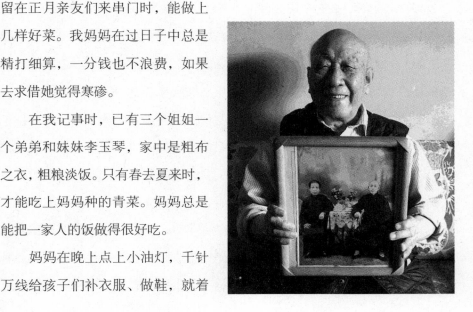

在我记事时，已有三个姐姐一个弟弟和妹妹李玉琴，家中是粗布之衣，粗粮淡饭。只有春去夏来时，才能吃上妈妈种的青菜。妈妈总是能把一家人的饭做得很好吃。

妈妈在晚上点上小油灯，千针万线给孩子们补衣服、做鞋，就着小油灯做针线活，妈妈任劳任怨，那时的辛苦，是我到今天也无法真正体会的，向普天下的母亲致敬。

冬天日短夜长，冰天雪地，寒风刺骨，像我们这样的清贫之家，应了那句老话：老婆孩子热炕头。全家坐在火炕上，围着大火盆取暖。有时我饿了，妈妈就在火盆里烧个土豆给我吃，真是香得不得了。那个年代我从没看见蛋糕啥样，有货郎的食物担子到了，一边叫喊着一边停下来，妈妈用鸡蛋去交换麻花，给孩子们分分都吃上一口。看见孩子们吃得很香，她老人家露出甜蜜的笑容。

记忆里那些漫长的冬夜，一家人围坐火盆边，暖暖和和的，妈妈开始给我们讲故事。妈妈虽然没念过书，可是知道许多古人的事迹，讲古比今，其中有孔融让梨、黄香温席、孙敬苏秦悬梁刺股、隋末李密牛角挂书等。妈妈千方百计教育和鼓励我们，一定要念书，有了学问，有了知识，才能在社会上做事，也能吃饱穿暖。

1943年初春，关东军司令部吉冈安直中将参谋，以"进宫念书"为名，把李玉琴强行骗走，我的爹妈，眼看着活蹦乱跳的闺女被日本人带走，真比在身上割下一块肉还痛苦，吃不好睡不好，悲痛欲绝。玉琴被日本人挟持进宫一个多月后，伪满皇宫才把我父母召进宫中同德殿内，母女相见抱头痛哭。

新中国成立后，在玉琴走投无路之际，党伸出温暖的手，为她安排了市图书馆的工作，成了国家干部。妈妈说："四闺女，现在我不再为你发愁了，以前因为你受'康德'的影响一再失业，还是共产党好，你吃水别忘挖井人哪。"

1958年玉琴和省电台技术员黄玉庚喜结良缘，喜生一子。玉琴儿子四岁时，就把妈妈接到她家，主要是看孩子，但妈妈总是手不离针线活，给孩子做各种棉衣穿，一天总也闲不着,孩子一会儿这样一会儿又那样,妈妈时时对孩子关心。

有一次孩子饿了："姥姥，姥姥我要蛋糕。""啥？你要跳高？""不是，我要蛋糕。"因为妈妈年高耳聋，总出笑话，当玉琴两口子下班到家，闻知这事大笑不已。

1972年，我在宋家公社第六居民委员会的铁匠炉工作时，站前公安派出所的所长来到六委开展"批修整风运动"，对我进行陷害，长达五个月。但因没有罪证，最后党为我平了反。

我在这期间，对妈妈严密封锁这不幸的消息，因为妈妈没享过福，但也不能让老妈妈为我担心害怕。

在平反后，我带着儿子去看望非常想念的慈母，但我钱紧，什么好吃的也没钱买，当我到了弟弟李贵家中看见慈眉善目的妈妈，我忍住了泪水："妈妈，我和您的孙子来看望您老人家。"但妈妈一开口就问："怎么这些天才来？"我只能说："工作太忙。"妈妈说："我眼瞎心不瞎，可能你出了事瞒着我，只要你没干坏事，老天爷有眼你能平安无事的。"我只能一笑了之。

妈妈把早餐剩下的大果子给孙子吃下，然后又给孙子一元钱，当时我儿子乐得和奶奶贴贴脸："谢谢奶奶。"

意外的是，妈妈还亲手给我俩做了两双鞋垫。这鞋垫用格布，两面再粘上白布，然后戴上花镜，再千针万线，一针一针缝上，密密麻麻。我一看，就是年轻人也望尘莫及。商店卖的鞋垫更是相差甚远。慈母此时已接近70岁高龄了，这一针一线谈何容易，妈妈关心的恩情，比泰山高，比大海深。妈妈做的鞋垫，让我感慨万千，千言万语难以表达对老母亲的感念。

如烟往事一缕缕，像清风抚过。耄耋之年，上感念衣食父母给予我的亲情无价，下亦感怀晚年遇到的贤妻伴侣——吴秀君女士。

90年代末，我和相识的老友贾益成经常去客车厂"园中园"和其他几位

乐友演奏广东音乐，偶尔也为歌队伴唱，这些老年人都成了无忧无虑的快乐天使。

有一次我拉手风琴为吴秀君女士伴唱，她的歌喉好，音甜音美，节奏准确，很受欢迎。以后她总找我拉琴给她伴唱，真是人生结合多奇幻，我俩终于喜结良缘，我比她大23岁，成为夫妻。

我爱人吴秀君为人正直诚恳，生活俭朴，对我知疼知热，处处关心，真是难得。

我的子女们经常来看望我俩，都由衷地说："吴姨，您对我爸爸真心实意地关爱，您的心眼儿真好，我们谢谢您，祝吴姨健康长寿。"

我的大闺女两口子对我和吴秀君很关心，2008年带着我们老两口以及她的儿子和我的小女儿淑明旅游，当时，我已是80岁了，有生以来第一次出游，我们老两口非常高兴，心怀喜悦而去。

我们一行六人首先到澳门，住在豪华的美高梅金殿大宾馆内，这五星级的宾馆，内设多样餐厅，在正门设有大客厅……

我们一行六人还乘小轮船去香港一游，繁华如锦之地，"亚洲四小龙"之一，名不虚传。我和爱人这一趟，拍了很多照片留念，因为我年事已高，再旅游，谈何容易。

由于我们老两口年龄越来越大，我大闺女看在眼里，而且知道我俩上下

2010 年，和吴秀君（左）在澳门

楼腿脚太笨，她不声不响地给我们买了有电梯的两室一厅商品房，新房子位于北湖公园，距离（市中心）3.5 千米。2016 年底本书重新整理、补充、完善之时，新房也在装修中，家具齐备，我老两口顺心满意，我的众子女们都为家里的这桩喜事而高兴。

人生如梦，韶光易老。转瞬间已是迟暮之年。

90 多个冷暖春秋，尝尽了人间的酸、甜、苦、辣，饱经着荣辱沧桑，总是聚少离多，残留的往事历历在目……感叹世事多艰！一切都已经成为过去，让这不堪回首的一切付诸东流吧！

而今总算渡尽劫波，大地回春，阳光普照，生机盎然。再也见不到那些作祟的魑魅魍魉以及由他们制造的血雨腥风，消除了灵魂上心惊胆战的余悸，平复了心灵上百孔千疮的伤痕，人们都在和谐地沐浴着平等赐予的恩泽雨露，期望安居乐业，共娱升平。

　　我们要相互勉励，珍惜这来之不易的辉煌时代。我们要以微薄的一己之力，为之添砖加瓦，锦上添花。

回去看一看出生地，左为附近的老坐地户

东三道街家中，1993 年

回忆写作中，2013 年

再婚之初的李玉琴，1957 年　　　　　　　长春朝阳沟李玉琴墓地

1986 年李凤夫妇与李玉琴（中）在南湖公园

后　记

这个老人一辈子也没见过他们家这位"遥远的帝婿"——胞妹李玉琴嫁的第一个男人、伪满洲国皇帝溥仪。

他的父母尽管三次入宫去看女儿，与溥仪庭院相隔，也是没资格见"皇上"的。李凤说，父母每次回来，都不愿多讲，情形和李玉琴生前所留下的回忆文字描述的场景大体相应。

但是，"皇亲国舅"的身份，却自1943年（民国三十二年、伪满康德十年）李玉琴进宫开始，一直跟了李凤一辈子。他的履历上有伪警长，是溥仪的"御批"；他还在长春被围后当过五天国民党兵，"这样的小事就不要写了"，他认为像这样的不说、不写也罢；还有1945年苏军进东北，苏军在长春，不知道到底是什么原因使他选择放弃讲述这段历史见闻，也许对于这个当了14年"满洲国民"的普通中国人家来讲，无论怎样的战乱和无常，都不及伪皇宫一夜之间人去楼空、玉琴妹妹下落不明更让人绝望和无助吧。改朝换代的事情在那几年，接二连三地发生，作为"二战"的获胜国之一，中国的主权还给了中华民国政府，包括东北，日本人、苏联人相继撤出，却不见南京政府的王师北上，先来的是中共的东北民主联军，解放军。东北这块地方，六神无主许多年，谁解放谁说了算，老百姓倒也习惯了。国共内战，来来回回地打，前朝的"皇妃"和"皇亲"成了后朝所有运动的"抓手"，尤其是1949年后的各种运动，都还在李凤的脑海里清晰地记着，并且一一道来。但同时也不忘叮嘱我："还是不能什么都说，我已经快一百岁了，怕什么，你还小。"他这样说的时候，笑得很慈祥。所有这些辛酸的历史，都与平民"皇亲"的过往有关，串成老人一辈子患得患失的茫然，摆在我面前。

定稿之前，我最后一次去他家，取新补充的手稿。那一天长春刚刚下过雪，也许因此带了点满洲"新京"的样子……

伪满洲国期间，在山海关附近竖立的界碑

他让我一定要去上海路拍永康庄的照片，那栋楼还在，1943年李玉琴被日本人带走后，就曾住在永康庄里藤井老师的家，溥仪后来的"六条"，也是吉冈在那里和李家人面对面签订的。然后就是他再一次重复，新中国成立后玉琴去抚顺战犯管理所看溥仪，只等一句话而终未等来的委屈和愤慨，这样强烈的情感带在老人的生命里，其实已不再是情绪本身，而是一种"陪伴"。他说他们兄弟姐妹六七人，现在只剩下他一个了，他要把他所知道的有限历史留下来。

所以，与其说这本书是"李玉琴家事"，不如说是一个94岁老人的生命记事本，而"遥远的帝婿"，界定了在这份家庭记忆中，一个特殊年代里的特殊遭遇，抹不掉，挥之不去，终成珍贵的历史，无可替代。

每个人都是时代的一枚棋子，无论天子与庶民。

1923年，本书的记述者李凤出生在东北长春，是时，晚清逊帝溥仪还在北京的紫禁城里享受清室皇族待遇；这一年，"皇帝"18岁，与郭布罗·婉容大婚，淑妃文绣同期入宫。1928年，李凤的妹妹李玉琴出生在长春，此时溥仪已被赶出紫禁城，身在天津，23岁，身边人除前清遗老遗少，还有日本人；这一年，孙殿英盗清皇陵，逊帝与革命党人之间不共戴天的仇恨埋下种子；同年，张作霖命丧皇姑屯，东北军归属少帅张学良统领，易帜入关在即。

1931年，长春事变，李家在东三道街，"满洲国"即将出现在历史舞台上，走投无路的溥仪被日本人偷运到长春，此时，还看不到李家与"皇帝"可能产生直接关联的契机，当然，他们都是"满洲国民"。1932年，东北军一路将东北拱手让予日寇，东三省沦陷。山海关，成了"满洲国"国境。"满洲国"国旗，"王道乐土大满洲国"的界碑赫然立于山海关城，关里过来的火车要停下来，办过境手续……接下来，中日淞沪会战爆发（一·二八抗战），蒋介石"攘外必先安内"国策出炉，内战不胜焦灼，国民政府不仅无力也已无心收复东北失地。

1936 年，震惊中外的西安事变爆发，东北军再也回不去东北。满洲"五族协和"，长春已成"新京"，此时李家已从东三道街，搬至二道河子十五道街。长春旧城，满人街熙来攘往，新市区迅速规划，一座慢慢长大的城，日据下的现代化与"满洲国民"（中国人家）的日常。此时的"帝婿"，在上海路的皇宫里，婉容疯，谭玉龄入宫。1937 年，同年，七七事变。中国大地，到处是战场，向北方去，东北却成了一部分人的"后方"。

1941 年初夏，伪满新京，二道河子区吉林大马路，日本人开车撞伤李玉琴，一个十几岁的小姑娘，谁也不会想到会是两年后的"福贵人"。此时世界时局紧张，珍珠港事件，溥仪发表《时局诏书》，支持日本发动新侵略战争。1942 年，太平洋战争爆发，同年，谭玉龄去世。此时的李玉琴与溥仪，终于出现了交会的可能——日本人逼婚，要求娶日本女人，这触动了溥仪底线，于是开始着手选妃——"满洲国民"中的所有女生，都时刻为溥仪"皇帝"做着这样备选献身的准备。

1943 年，在藤井老师、"帝室御用挂"吉冈安直的经办下，李玉琴入选进宫，不久，册封为"福贵人"。李玉琴宫中生活两年，1945 年光复后，颠沛流离八年，期间遭遇已撰写回忆录于其生前出版。至李玉琴与溥仪离婚时，那个"帝婿"终于离李家越来越遥远，从名分上到现实生活之间的连带关系，接近虚无。然而，就是这种虚无，却又牢固得历经各种运动都斩割不断。

1957 年李玉琴再婚，溥仪依然在抚顺接受改造（1959年特赦释放，1962 年再婚）。

1966 年"文革"开始，不仅仅是李玉琴本人，李家人无一幸免被牵连，终于上演了那幕李玉琴与兄嫂（李凤夫妇）进京向病中的溥仪讨说法、要证明的悲伤画面。1967 年，溥仪在京病逝。1969-1972 年，李玉琴全家插队落户到敦化县大桥公社兴发大队；同期，李凤也先后历经下放、批斗和抄家……直到"四人帮"倒台，"文革"结束。

1997 年，我来长春上学，斯大林大街刚被改名为人民大街没两年。

2001 年，李玉琴在长春病逝，享年 73 岁。

2004 年，我所在的《巷报》采访李凤，而我那一年刚刚开始写"长春地理"，这样一位历史老人竟然还要再推迟十年才能机缘成熟得以相见，即 2014 年，"长春围城"采访之时。

透过一个九旬老者的人生记忆，回望近百年的家国历史，同样的日月天空，同样的风云变幻，大历史无法关注的像本书所记录整理的民间历史，正点点滴滴地浮出水面……

陈锐

2017 年 1 月 10 日

补记：2021 年 8 月 23 日 5 时 15 分，李凤于长春病逝，享年 99 岁。本书出版合同是在长春铁路医院李凤的病床上签署的，百岁老人生命最后的托付，终于达成！